Marketing Basic Selection Series
マーケティング・ベーシック・セレクション・シリーズ

プライス・マーケティング

㈱経営教育総合研究所
山口正浩 編著
Yamaguchi Masahiro

Price
Marketing

同文舘出版

マーケティング・ベーシック・セレクション・シリーズ発刊にあたって

　マーケティング・ベーシック・セレクションシリーズの発刊には、経営教育総合研究所の主任研究員が携わってきた多数の企業や大学、地方公共団体での講義や研修、上場企業や中小企業へのコンサルティングがベースとなっています。

　マーケティング研修で、受講生に「マーケティング」から連想するキーワードを質問すると「企業戦略」、「販売促進」、「広告宣伝」、「営業担当者の強化」、「Web」、「TVCM」など、さまざまな答えが挙がります。消費者行動や企業活動の多様化に伴い、マーケティングも、さまざまな切り口から考えられるようになりました。

　本シリーズでは、多様化しているマーケティングを下記の12テーマのカテゴリーに分類し、最新事例や図表を使用してわかりやすくまとめています。本シリーズで、各カテゴリーのマーケティング知識を理解し、活用していただければ幸いです。

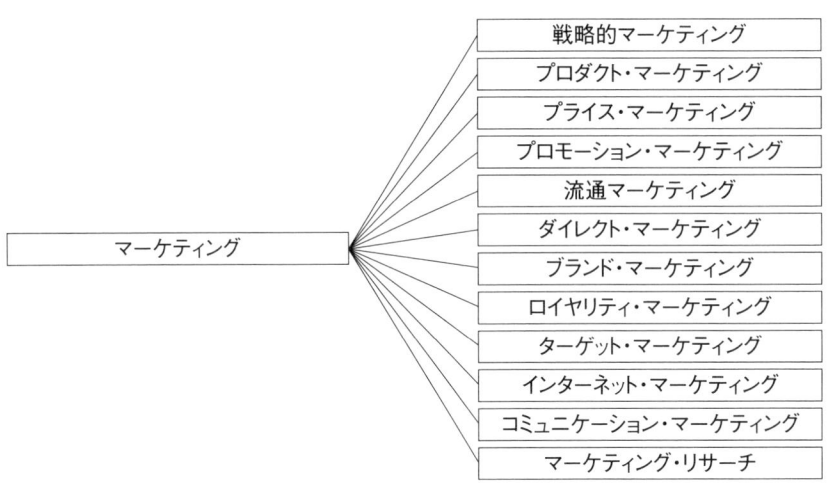

　本シリーズは一般の書籍と異なり、マーケティング・ベーシック・セレクションシリーズ専用のHPを開設しています。HPでは書籍に書ききれなかった監修者・執筆者のコメントや、マーケティングに関する最新情報を紹介しています。本シリーズで学習したら、下記のHPにアクセスし、さらなる知識を吸収してください。
URL　http://www.keieikyouiku.co.jp/MK

　　　　　　　　　　　　　　　　　　　株式会社 経営教育総合研究所
　　　　　　　　　　　　　　　　　　　代表取締役社長　山口 正浩

まえがき

　マーケティングの中で、われわれ消費者に最も身近な「プライス（価格）」は、古くから存在し、プライス・マーケティングは、貨幣経済を採用している世界各国で展開されています。

　わらしべ長者という昔話をご存じでしょうか？　ある若者が、イネの穂の芯である一本の"わらしべ"から、わらしべにアブを結んでおもちゃにして、みかんと交換し、みかんと美しい布を交換し、美しい布と馬を交換し、馬と立派な家と広い畑とを交換して大金持ちになった話です。

　わらしべ長者の昔話のように、モノとモノとを直接交換する経済では、モノの価値が貨幣によって客観的にわかりにくいため、価値が異なるモノの交換が成り立ちます。

　モノの交換を貨幣によって媒介する貨幣経済では、モノの価値は「プライス（価格）」によって客観的に判断されるため、わらしべ長者のような成功は難しくなります。

　貨幣経済で企業が成功するためには、プライシングの体系的な理解と実践により、適正価格を消費者に受け入れてもらうことが必要です。

　本書では、豊富な図表と事例によるプライシングの体系的な理解と、プライシングに関連する経済学や計数管理、法規制など、多角的な視点からの把握を目的としています。プライス・マーケティングを初めて学習する方は、PART1から順に読み進めましょう。

　PART1のプライス・マーケティングの概要では、インターネットの普及などで変化するプライシングの現状について紹介しています。また、消費者による品質の判断が困難な商品に起こる逆選択について、事例を交えて紹介するとともに、為替相場に関する影響についても紹介しています。

　PART2のプライシングと市場把握では、漠然と企業におけるプライ

シングを考えるのではなく、自社製品がどのような市場に属しているのかを考えてプライシングを展開できるように、3つの市場を紹介しています。

　PART3のプライシングと経済学の基礎では、プライシングを考える際に避けては通れない、価格弾力性、規模の経済性、範囲の経済性といった経済学の知識を、グラフを用いてわかりやすく紹介しています。特に、価格弾力性については、計算しながら理解できるように工夫しています。

　PART4の企業におけるプライシング活動の実際は、section1からsection17と本書では最大数のPARTです。実際の企業におけるプライシング活動の体系から、新製品、消費者心理、製品ミックス、ブランドなどにプライシングを関連させて紹介しています。また、自動車、医薬品、家電、小売業では、企業の収益構造と関連させた紹介や、グローバリゼーションに対応した企業のプライシングも紹介しています。

　PART5のプライシングの計数では、計数管理の理論だけではなく、店舗や営業の現場で活用できる公式を紹介しています。

　PART6のプライシングと法規制では、近年のコンプライアンス（法令遵守）が重視される中で、プライシングにおいて最低限留意しなければならない法制度について紹介しています。

　以上、6つのPARTを読み、みなさんが、プライス・マーケティングについて興味を持ち、全体像を把握することで、将来のビジネスに役立てていただければ幸いです。

2009年10月
株式会社経営教育総合研究所
代表取締役社長　山口正浩

マーケティング・ベーシック・セレクション・シリーズ
プライス・マーケティング◉───────目次

1 章
プライス・マーケティングの概要

section1 プライス・マーケティングの重要性 …………010
section2 消費者主導のプライシングへの変化 …………014
section3 情報の非対称性とプライシング …………018
section4 為替相場とプライシング …………022

2 章
プライシングと市場把握

section1 市場の分類とプライシング …………032
section2 不完全競争市場のプライシング（独占市場）…………038
section3 不完全競争市場のプライシング（寡占市場）…………044

3章
プライシングと経済学の基礎

section1　価格弾力性とプライシング……………………………………………062
section2　需要の価格弾力性を用いたプライシングの実践…………066
section3　規模の経済性・範囲の経済性とプライシング……………072

4章
企業におけるプライシング活動の実際

section1　企業におけるプライシング活動の体系………………………078
section2　戦略的プライシングの体系……………………………………………082
section3　新製品のプライシング…………………………………………………088
section4　消費者心理を考慮したプライシング……………………………092
section5　製品ミックスを考慮したプライシング…………………………096
section6　ブランドとプライシング………………………………………………100
section7　小売業のプライシングの体系………………………………………104
section8　Hi-Lo価格政策とEDLP政策①………………………………………108
section9　Hi-Lo価格政策とEDLP政策②………………………………………112
section10　建値制とオープン価格制……………………………………………116

section11　グローバリゼーションとプライシング① ·················120

section12　グローバリゼーションとプライシング② ·················124

section13　グローバリゼーションとプライシング③ ·················128

section14　企業の収益構造とプライシング（自動車）···············134

section15　企業の収益構造とプライシング（医薬品）···············140

section16　企業の収益構造とプライシング（家電）·················148

section17　企業の収益構造とプライシング（小売業）···············154

5 章
プライシングの計数

section1　プライシングの計数管理 ·····································162

section2　損益分岐点分析の活用 ·······································170

section3　初回値入率と実現値入率の理解 ····························178

section4　GMROIの概念と算出方法 ···································182

6 章
プライシングと法規制

section1　プライシングに関する法規制の体系 ······················188

section2　独占禁止法と企業行動① ····································192

section3　独占禁止法と企業行動② ····································196

section4　景品表示法と企業行動 ·······································202

装丁・本文DTP◉志岐デザイン事務所

section 1　プライス・マーケティングの重要性
section 2　消費者主導のプライシングへの変化
section 3　情報の非対称性とプライシング
section 4　為替相場とプライシング

PART 1

プライス・マーケティングの概要

プライス・マーケティングとは何か?
プライス・マーケティングの重要性と
仕組みを理解する

section 1　プライス・マーケティングの概要

プライス・マーケティングの重要性

　みなさんは、コンビニエンスストアで昼食のお弁当やおにぎりとともにお茶を購入する際、「本当は、TVCMで気になっていたキリンの『生茶』を購入しようと思ったが、伊藤園の『お～いお茶』が150円から138円と特売になっていたため、伊藤園の『お～いお茶』を購入した」といった経験はありませんか。また、カレーやシチューなどのルーや調味料を購入するときに、ついつい月間の特売商品や広告の商品を購入したことはありませんか。

　商品の価格は、消費者の商品購入の判断に大きく影響する要因のひとつです。商品が購入されなかった企業は売上が減少するため、企業の収益にも大きく影響します。消費者の購買行動や企業の収益に大きな影響を与えるのが価格で、適正価格を考え、価格を決定するプロセスが価格設定（プライシング）です。

(1) マーケティングの中のプライシング

　企業のマーケティング戦略の要素を4つに大別すると、製品政策（Product）、価格政策（Price）、広告・販促政策（Promotion）、チャネル政策（Place）になります。

　マーケティングの4つの要素は、各英単語の頭文字をとり、マーケティングの4Pといわれます。提唱したマッカーシーの名前にちなんで「マッカーシーの4P」ともいわれます。

　企業のマーケティング戦略の特徴は、これら「4P」の組み合わせによって決まります。この組み合わせは「マーケティング・ミックス」と

いわれ、組み合わせがその企業のマーケティング戦略の「個性」となります。本書で説明するプライス・マーケティングは、4Ｐの中における「価格政策」の価格設定＝プライシング（Pricing）が中心となります。

(2) 価格政策のイメージ～プライシングは塩加減～

マーケティングの4Ｐの中で、価格政策（Price）はどのような位置づけなのでしょうか。まず、4Ｐにおける価格政策の役割をイメージしてみましょう。

先ほどの事例で、伊藤園の『お～いお茶』の購入を企業側から見ると、競合企業の伊藤園に売上を1本分取られたことにより、キリンに1本分の減収が生じます。

キリンの『生茶』を販売するために、キリンビバレッジはTVCMや雑誌等の広告などの広告・販促政策（Promotion）、おいしいお茶を創る

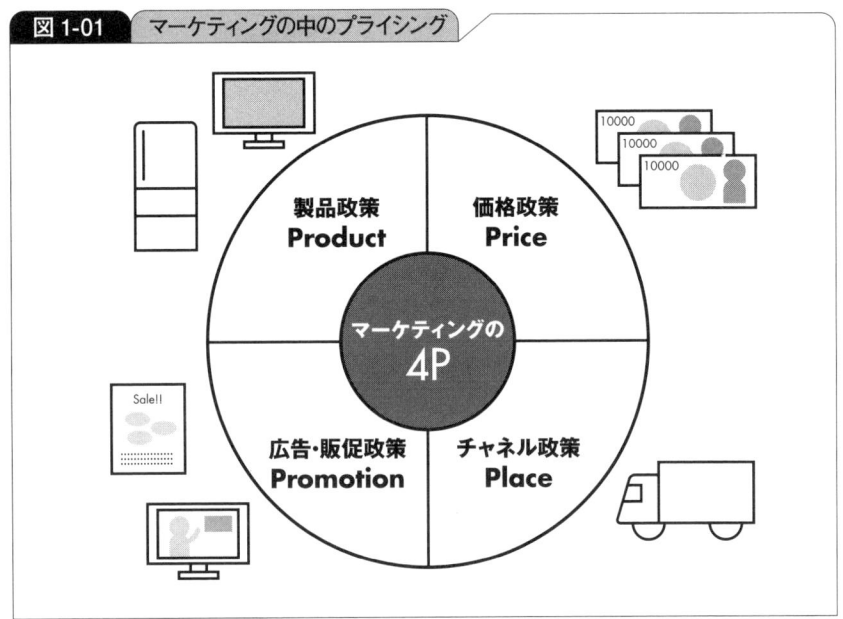

図 1-01　マーケティングの中のプライシング

ための新しい成分の抽出などの製品開発といった製品政策（Product）、物流コストの削減や小売業者との交渉による最適な商品陳列などのチャネル政策（Place）において、最善の努力をしています。

しかし、最後の最後、商品陳列棚の価格の違いで、『おーいお茶』に消費者を奪われました。

価格政策は、マーケティングにおける"塩加減"とイメージしましょう。塩加減を間違えると、どんなに高級な材料を使用していても料理が台無しになるように、価格政策を誤って消費者に選択されなければ、企業にとって儲けのとれない商品になります。

(3) 近年のプライシングの変化～消費者主導型への変化～

価格政策におけるプライシング（Pricing）とは、企業が製品やサービスの価格を設定することです。企業は利益を獲得するために、メーカー

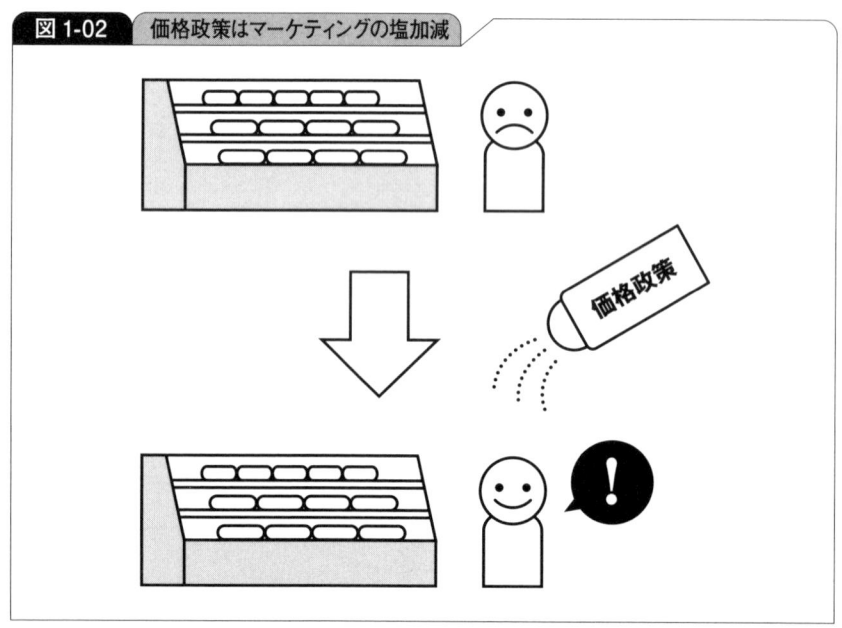

図 1-02　価格政策はマーケティングの塩加減

なら自社で製造した製品に、小売業なら仕入れた商品に儲けを見込んで価格を設定します。

　従来は、製造にかかったコストや仕入原価に、儲けの見込額を加算する方法でした。この方法は「コスト・プラス法」といわれ、PART4 section 2で詳しく紹介します。

　近年、コスト・プラス法の考え方が崩れてきました。小売業では、ヤマダ電機のように、従来の家電販売店の儲けの構造とは異なる低価格販売によって業績を伸ばしている企業が台頭し、戦略的なプライシングをする企業も増加しました。

　ヤマダ電機は、低価格販売の家電量販店として、低価格戦略を採用し、短期的には利益を減らしても、市場シェアを獲得し、長期的な視点で、売上高と利益を拡大する戦略を採用しています。

　みなさんの心の中で「安い店」と認識してもらい、数多くの家電量販店の中から、「ヤマダ電機に買いに行こう」という購買の意思決定につなげています。低価格販売の実践が顧客に受け入れられた結果、2005年に家電量販店として初めて売上1兆円を突破しました。

　家電メーカーでは、新世代DVDのブルーレイ・ディスク（BD）で、ソニー、パナソニック、シャープの3社が、エントリーモデルといわれる10万円前後の機種の低価格戦略で、市場シェア争いを演じていたのは記憶に新しいでしょう。

　新製品に極端な低価格戦略をとり、短期的な利益を減らしても、長期的な視点で多くの消費者に製品を受け入れてもらうことで、市場のデファクト・スタンダード（事実上の標準）を獲得しようとする企業の戦略です。詳細はPART4 section 3のスキミング・プライシングで紹介します。プライシングは、製造業者や販売業者が主導のコストの積み上げによるものから、消費者主導へと変化しています。企業において、プライシングの考え方が従来にも増して重要になっています。

section 2 　プライス・マーケティングの概要

消費者主導のプライシングへの変化

(1) プライシングを取り巻く環境の変化

　パソコンや家電製品を購入する際、商品の性能や価格を価格.comやECサイト、コネコネットなどの価格比較サイトで比較したことはありませんか。

　従来は、少しでも安い商品を購入しようと思ったら、各店舗の特売チラシを集めたり、いろいろな店舗を買い回って商品と価格を比較検討する必要がありました。

　インターネットの普及により、商品や価格の比較が従来と比べものにならないほど容易になりました。インターネットの普及を背景とした消費者の購買行動や企業のプライシングは、どのように変化したのでしょうか。

(2) 商品代金以外に消費者が負担する費用

　自宅から少し離れたドラッグストアで、キリンの『午後の紅茶』が特売価格の98円で販売されているのを知っていながら、自宅近くの自動販売機で150円を支払って購入したことはありませんか。

　消費者が商品を購入する際の費用には、商品の代金以外に次のような4つの買物費用があります。

①交通費用　　②時間費用
③探索費用　　④保管費用

①の交通費用は、店舗に行くまでにかかる電車賃などの料金です。自家用車で店舗に行く場合でも、自家用車の購入費や維持費の他に、ガソリン代がかかります。

　②の時間費用は、自分が他の行動に費やす時間とのトレードオフの費用です。みなさんの1日は24時間で、だれでも平等です。買物に時間を費やすことは、他のアルバイトや仕事の時間などをあきらめることになります。

　このような、ある行動を選択する（買物をする）ことで失われる、他の選択肢（アルバイトをする）を選んでいたら得られたであろう利益（アルバイトの時給）のことを、機会費用といいます。

　③の探索費用は、買いたい商品の決定と購入場所の決定に要する費用です。従来は、少しでも安くて品質の良い商品を購入しようとすると、非常に多くの探索費用がかかりました。

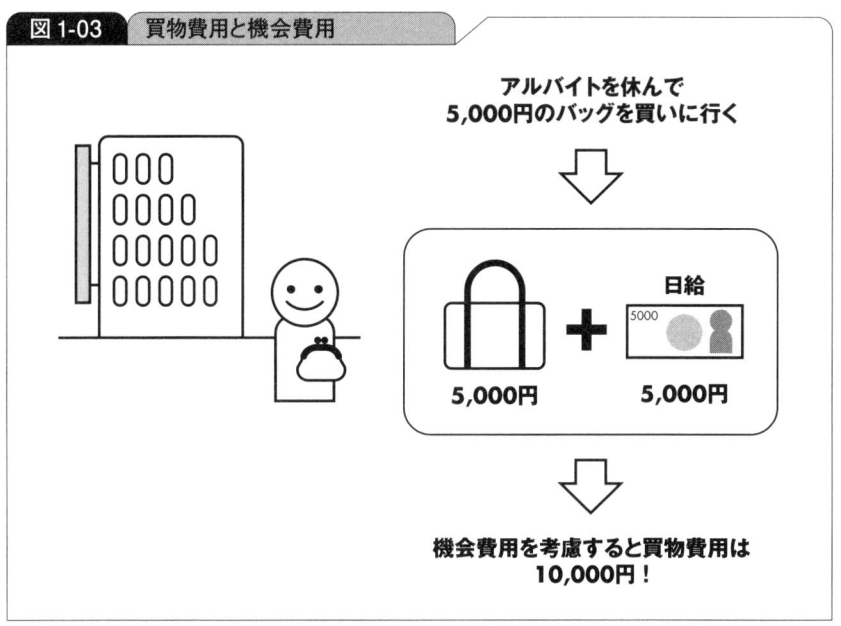

図1-03　買物費用と機会費用

④の保管費用は、自動車の車庫のような場所代です。また、食料品のように品質が劣化しやすく腐りやすいものは、冷蔵庫に保管する必要があります。保管にかかる電気代や冷蔵庫の場所にかかる費用も保管費用となります。

(3) インターネットの普及で削減される買物費用

　今までは買物費用が高く、多数の店舗での商品の比較検討が困難でしたが、インターネットの普及で、同じ商品を販売している店舗の価格比較が容易になりました。

　パソコンの購入を検討して、価格比較サイトをみると、店舗別の商品の価格はもちろんのこと、商品の仕様、ランキング、発売時期、メーカーの情報や送料の有無、配達についても比較検討が可能です。

　購入者の口コミ情報も掲載しているため、今までメーカーのパンフレットではわからなかった商品の欠点や販売店の対応なども比較検討できるようになりました。

　インターネットの普及以外にも、物流の効率化などにより、配送にかかる時間が従来よりも短縮されたため、Amazonの「お急ぎ便」のように、関東地方では当日配送というサービスも登場しました。

　インターネットの普及と物流の効率化の進展により、消費者が負担する買物費用のうち、①の交通費用、②の時間費用、③探索費用が大幅に減少しました。最近の24時間スーパーやコンビニエンス・ストアの増加により、食料品の購入における④の保管費用も大幅に削減されました。

　商品の価格以外に、消費者の商品購入に大きく影響していた買物費用は、大幅に低下しました。消費者は商品の品質と価格の比較に集中することができ、消費者の価格に対する意識は、より厳しくなっています。

(4) 消費者の意識による価格の上限の変化

　消費者の価格に対する意識の変化は、プライシングの幅を小さくします。企業が利益を得るための最低限のプライシングは、製造原価です。

　プライシングの上限は、消費者が決定します。企業が標的とする消費者が適正と考える価格よりも高い価格では、商品は売れません。

　消費者からみた適正価格は、ある商品に対して消費者が適正と認める価値で、経済価値や顧客価値（カスタマー・バリュー）といわれます。適正価格は、価格が高いほど品質が良いと考えている消費者にとっては上限が高くなり、少しでも安く購入したいと考えている消費者にとっては、上限が低くなります。

　消費者が適正と認める価値は、消費者の意識によって変化するため、1,000円や100万円というような定量的な把握は困難です。

　消費者の価格に対する意識が厳しくなっているため、企業によるプライシングの上限は、競合他社の製品価格、製品の需要と供給の関係の他に、消費者の動向を考慮する必要があります。

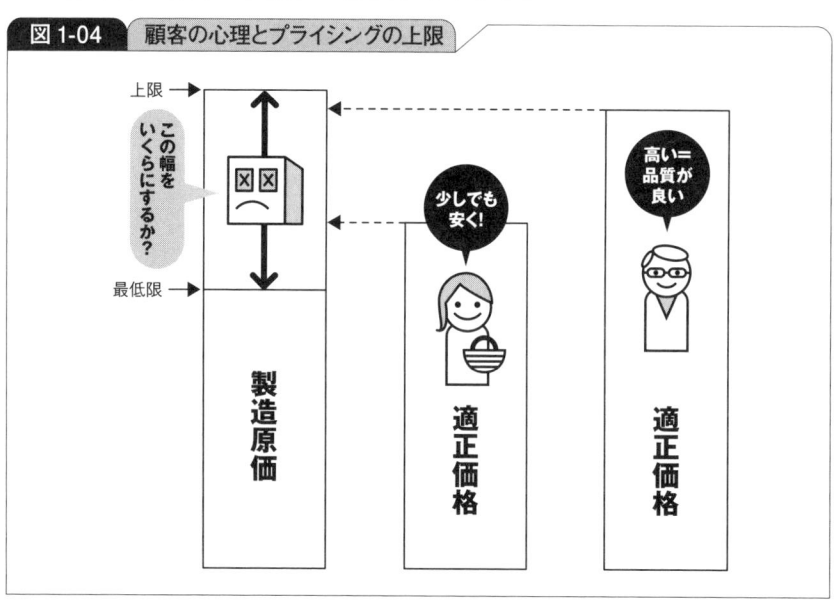

図1-04　顧客の心理とプライシングの上限

section 3　プライス・マーケティングの概要

情報の非対称性とプライシング

　インターネットの普及により、消費者の価格に対する意識は、よりいっそう厳しくなっています。しかし、消費者が品質を判断できない商品では、企業はどのようにして適正なプライシングをするのでしょうか。

(1) 情報の非対称性と逆選択
①売り手と買い手の間にある情報の非対称性
　買い手である消費者と、売り手であるメーカーや小売業者との間で取引される財・サービスの品質やタイプなど、保有している情報が異なる状態を情報の非対称性といいます。

　「情報の非対称性」による失敗は、みなさんも聞いたり、経験したことがあるでしょう。例えば、第一印象だけで結婚してしまうと、後で「こんなはずではなかった」と後悔することがあります。これは、相手に関する情報量が不足していることが原因です。お見合いのときには、自分の性格について自分自身は把握していますが、相手側にはわからないために起こります。「もっと詳しく相手の性格を知っていれば、結婚していなかったのに」といっても後の祭りです。情報が一方に偏っている市場において、企業のプライシングは非常に重要です。適正なプライシングが行われないと、逆選択が起こります。

　逆選択とは、売り手と買い手の間に情報の非対称性が存在することによって、市場の資源配分機能が阻害されてしまう問題です。当初、望まれていたものが市場からなくなり、望まれていないものが市場に流通する現象です。

②レモンの市場では最悪の品質が市場に残る

　逆選択の例として有名なものに、レモンの市場があります。レモンの市場のレモンとは、果物ではありません。アメリカでは、極端に質の悪い財のことをレモンといいます。そのため、アメリカの中古車専門店に行って「レモンをください」というと、怒鳴られます。レモンの市場とは、中古車市場における逆選択です。

　中古車市場における逆選択の原因は、取引される自動車の品質を売り手のみが知っていることです。具体的には、高品質の自動車でも、売り手が品質を証明して高く売ることが困難です。また、品質の低い自動車を高品質と偽って売る誘因を持つため、結果として市場に出回る自動車

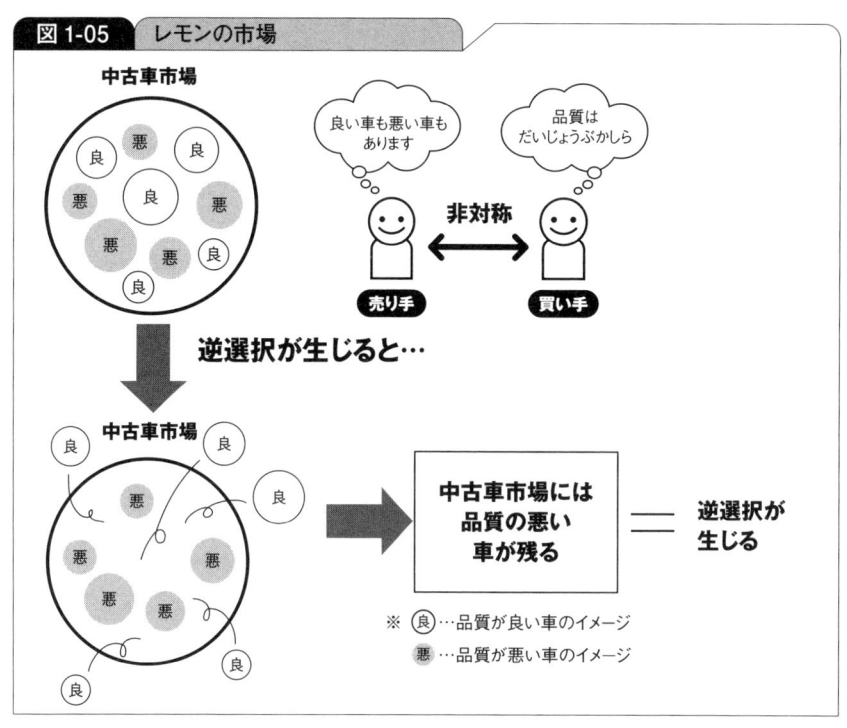

図1-05　レモンの市場

の平均的な質が低下してしまう、という事態が発生します。

　情報の非対称性により逆選択が発生すると、売り手は価格以下の価値の車しか販売しないため、車の平均的な品質が低下し、中古車市場では良質な中古車がなくなり、最悪の車だけが市場に残ります。

(2) 株式会社オークネットによる中古車の評価

　逆選択が発生し、レモンの市場の状態に陥らないようにするためには、売り手と買い手以外の第三者が、品質について適正な評価をする必要があります。

　中古車の流通に革新的な影響を与えた企業に、オークネットがあります。オークネットは1984年に設立され、インターネットという言葉が普及していなかった1985年に、世界で初めて衛星回線による中古車の電子商取引「TVオークション」で成長した企業です。

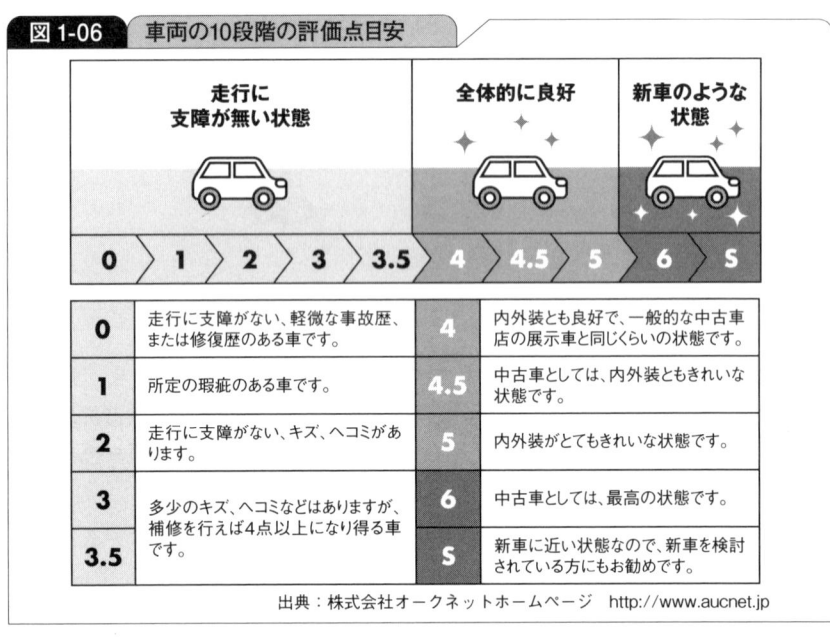

図1-06　車両の10段階の評価点目安

出典：株式会社オークネットホームページ　http://www.aucnet.jp

オークネットが行ったプライシングの取組みは、商品である中古車の品質を車両検査部門（現在、オートモビル・インスペクション・システム（AIS））が検査し、定量化することでした。

　中古車販売店も一般の顧客も、走行距離や外見上の汚れについてはわかりますが、細かい状態について評価することは困難です。特に中古車は、新車と異なり「一物一価」です。
　同じ車種でも、ユーザーの使用状態により大きくコンディションが異なるため、価値も異なります。検査では、検査のプロによる最大324項目の品質チェックにより車両価値を客観的に評価して、果物の等級づけのように、車両の品質により「0～S」にランク分けしました。第三者の適切な評価によるランク分けによって、顧客は安心して商品を購入することができます。

(3) シグナルによる品質保証
　オークネットの事例のように、第三者による適切な評価によるランク分けである「0～S」評価をシグナルといいます。
　シグナルとは、取引される財やサービスの質に情報の非対称性が存在する場合、その情報を間接的に提供する指標のうち、情報を持つ者が自らその水準の選択を通じて、情報を外部に明らかにできるようなものです。

　シグナルには、学歴、弁護士や中小企業診断士などの国家資格、ルイ・ヴィトンやシャネルなどのブランドや、製品規格、商品につける品質保証などもあります。品質保証をつければ、顧客は信頼して商品を買うことができます。顧客は品質そのものがわからなくても、品質保証というシグナルにより品質がわかります。

section 4　プライス・マーケティングの概要

為替相場とプライシング

　海外で製品を販売するために輸出する企業や海外製品を輸入して国内に販売している企業は、為替相場を考慮したプライシングが必要です。
　section 4では、プライシングに必要な円高・円安といった為替相場の決定のメカニズムを紹介します。円高や円安が輸出や輸入に与える影響について理解しましょう。

(1) 為替相場と円高・円安

　為替相場は、為替レートともいわれます。外国と通貨を交換する比率

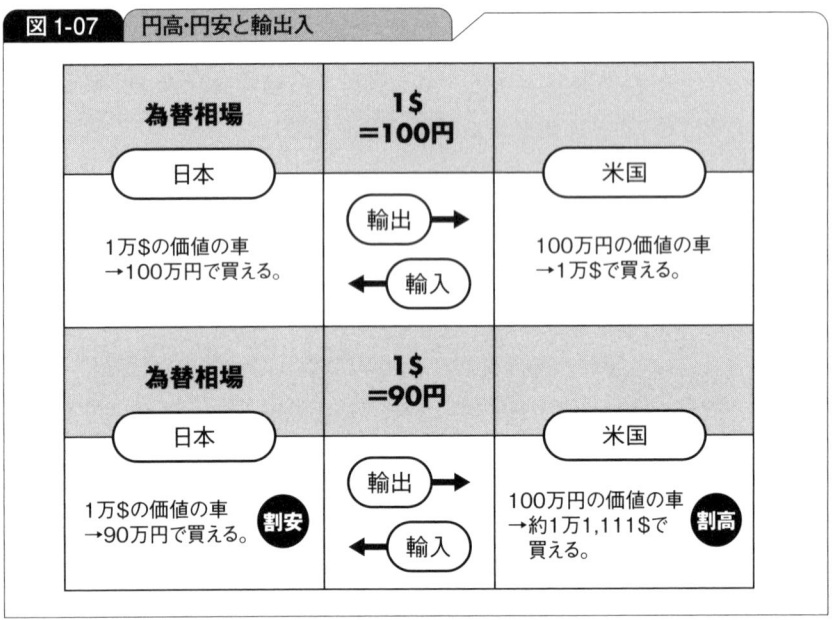

図1-07　円高・円安と輸出入

で、通貨の対外価値を表しています。「1ドル＝119円50銭」というように、円に対するドルやユーロの価値で考えます。

新聞やニュースでよく耳にする円高とは、為替相場で相手国の通貨に対して円の価値が高い場合です。

①円高と輸出・輸入の関係

1ドルが90円のときは、1ドルが100円のときより、同じ円の金額で多くのドルと交換できます。輸出・輸入の場合、円高では、円安よりも円で購入できる諸外国の製品やサービスの量が増大します。円高は輸入を容易にして、輸出を困難にします。

②リーマン・ショックによる自動車業界への影響

米国のサブプライムローン問題に端を発した金融市場の混乱により、2008年9月に米国の大手投資銀行リーマン・ブラザーズが破綻しました。それを契機に世界的な金融危機へと拡大し、世界的に株安が進行しました。

わが国では、為替レートが急激に円高の方向に振れ、一時1ドル＝90円を超える高水準で推移しました。

自動車業界では、景気悪化による世界的な自動車需要の低迷で売上高が大きく落ち込んだうえに円高が追い討ちをかけ、各社とも大幅な減収減益となりました。海外の顧客からみると、日本国内では適正価格の自動車でも、円高の影響で自国の通貨の価値が低下したら、円安のときと比べて品質が一定で、製品が割高と評価されたからです。

自動車業界のような外需依存型の企業では、プライシングの際に為替相場も考慮する必要があります。

③円安と輸出・輸入の関係

円安とは、為替相場で相手国の通貨に対して円の価値が低い場合です。1ドルが100円のときは1ドルが90円のときより、同じ円の金額で少な

いドルとの交換になります。円安のときは、円で買える諸外国の製品・サービスの量が少なくなります。円安は、輸出を容易にして輸入を困難にします。

(2) 為替相場を決定するメカニズム

各国が採用している変動為替相場制において、「1ドル=118円50銭」から「1ドル=120円」への変化には、どのようなメカニズムが働いているのでしょうか。為替相場決定のメカニズムに関しては、さまざまな学説がありますが、基本的な考え方を紹介します。

為替相場は、自国通貨と外国通貨の交換比率です。基本的には為替相場は、外貨を買う人と売る人がどれだけいるかという為替の需給により決定します。

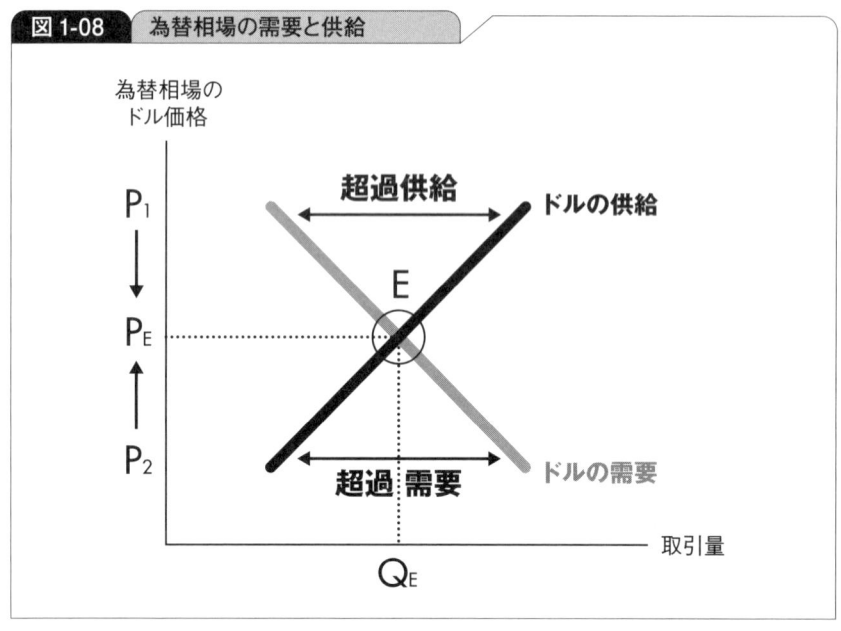

図1-08　為替相場の需要と供給

図1-08で1ドル=P_1円のとき、ドルの超過供給が生じているならば、1ドル=P_E円に収束し、需要と供給が均衡する点に決定します。

1ドル=P_2円のとき、ドルの超過需要が生じているならば、1ドル=P_E円に収束し、需要と供給が均衡する点に決定するといったメカニズムが働きます。

(3) 長期的な為替相場を決定する購買力平価説
①購買力平価と一物一価の法則

購買力平価とは、日米間で考えると、米国において1ドルで購入できるものを日本で購入するといくらかかるかを表します。

購買力平価の前提として、一物一価の法則があります。一物一価の法則とは、財やサービスの価格は通貨の購買力を表すため、財やサービス

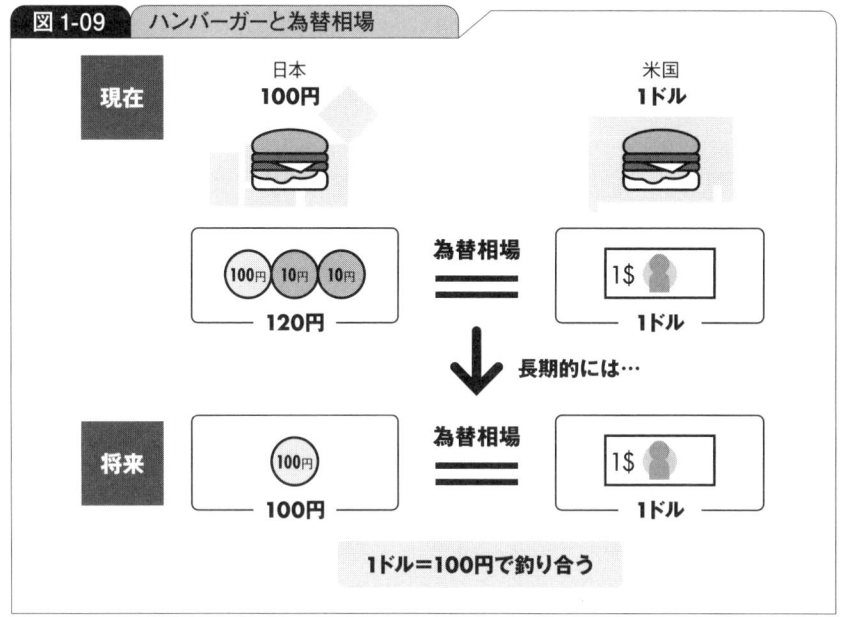

図1-09 ハンバーガーと為替相場

の取引が自由に行える市場では同じ商品の価格はひとつに決定するという法則です。
　具体的には、同じブランド物のバッグはグアム、韓国、アメリカ、フランスなど、どこの国で購入しても通貨換算後の価格は同じになるという考え方です。

②購買力平価と為替相場
　購買力平価説では、取引が自由に行われ、価格の情報が十分に与えられれば、同じ製品の価格は国内でも海外でも同じ価格で取引されることを前提に、次のような為替相場の推移を想定します。
(a) 米国の製品の価格が日本より安ければ、米国の製品を買う人が増え、米国の製品を購入するために円を売ってドルを買う人が増加し、米ドルは上昇します。よって、為替相場は円安ドル高に推移します。
(b) 日本の製品の価格が米国より安ければ、日本の製品を買う人が増え、米ドルを売って円を買う人が増加し、米ドルは下落します。よって、為替相場は円高ドル安に推移します。
　図1-09のように、日本で1個100円のハンバーガーが米国で1ドルなら、現在、1ドル＝120円の為替相場は、長期的には1ドル＝100円で釣り合うことを示します。

(4) 為替予約で為替リスクを回避する
　今まで紹介したとおり、為替相場の変動は海外と取引をする企業にとってリスクとなります。このリスクを為替リスクといい、回避する方法のひとつに先物取引があります。
　先物取引とは、証券や商品をあらかじめ契約した価格で、将来の特定時点に引き渡す契約です。為替予約も先物取引の一種です。
　為替リスクとは、為替相場の変動の影響によるリスクです。「円」と「外

貨」の為替相場は、為替市場によって変動します。外貨建ての商品を購入した場合には、為替変動によって予期せぬ損益が生じる場合があります。

例えば、書籍を輸入する書店が、50ドルの書籍を現地通貨で代金決済をする売買をしました。購入当初は1ドル=110円のため、書籍の支払いとして5,500円を見込んでいました。

円高が進み1ドル=100円になりました。すると、当初見込んでいた50ドルの書籍の支払いは、5,000円となり、予定よりも儲けたことになります。1ドル=120円の円安になったときには、6,000円を支払うことになります。

みなさんが経営者ならば、どうしますか。慎重な方ならば、為替予約により、1ドル=100円になったときの500円分の利益が発生する可能性

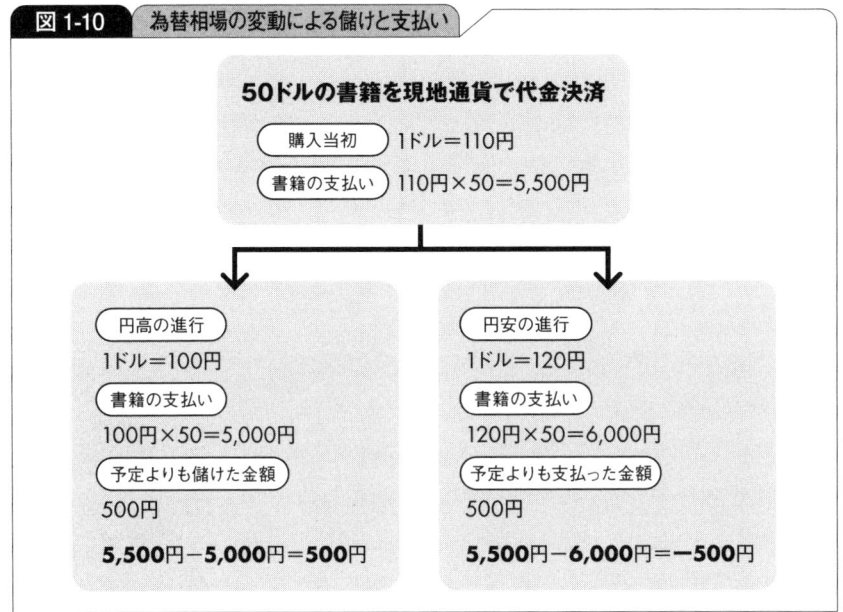

図1-10　為替相場の変動による儲けと支払い

を断念して、「将来1ドル＝120円になるかもしれない」といった為替リスクの回避を選択するでしょう。そこで、1ドル＝110円で決済する為替予約をします。

(5) 輸出業者の場合には？

輸出業者の場合を考えましょう。10,000ドルで自動車を売却しました。現在1ドル＝110円として、2ヵ月後に決済をします。

もし、為替相場が変わらない場合は受取額は110万円のままですが、1ドル＝120円の円安になると、代金の受取額が120万円に上昇します。1ドル＝100円の円高になると、代金の受取額は100万円に下落します。

慎重な経営者なら、図1-12のように1ドル＝110円で為替予約することにより、2ヵ月後の10万円の損失を回避しようと考えます。

図 1-11　為替リスクの発生

商品を仕入れて現地通貨で代金決済をする輸入業者の場合には

- 購入時点より「円安」になると、支払額が増加し損失となります。
- 購入時点より「円高」になると、支払額が減少し利益となります。

輸出業者が現地通貨で代金決済をする場合には

- 購入時点より「円安」になると、受取額が増加し利益となります。
- 購入時点より「円高」になると、受取額が減少し損失となります。

図 1-12　輸出業者が「1ドル=110円」で為替予約をすると

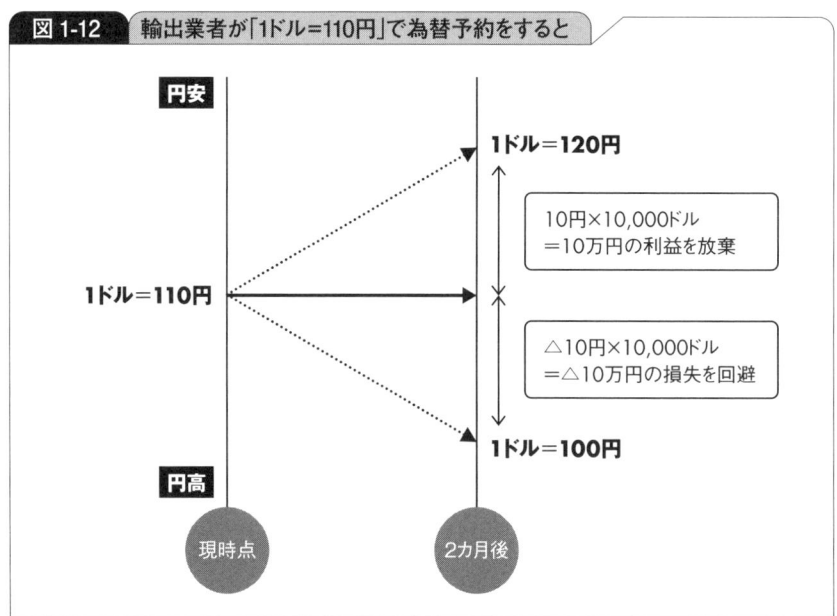

section 1　市場の分類とプライシング
section 2　不完全競争市場のプライシング（独占市場）
section 3　不完全競争市場のプライシング（寡占市場）

PART 2

プライシングと市場把握

**自社製品を展開する市場はどのような状態か？
競争が厳しい市場か？ 参入が困難な市場か？
競合企業数、新規参入・退出の状況、価格の支配力から
自社製品のプライシングを見極める**

section 1　プライシングと市場把握

市場の分類とプライシング

　みなさんが企業のプライシングの責任者だとしたら、自社製品のプライシングの際にどのような点に留意したらよいでしょうか。プライシングの際には、自社製品が展開する市場の競争状況を把握する必要があります。

　市場の競争状況を把握するヒントとして、競争市場の3分類があります。自社製品を展開する市場がどのような市場なのかを把握して、プライシングを立案し展開しましょう。

(1) 競争市場の3分類

　プライシングの際には、自社製品を販売する市場の把握が必要です。競争が厳しい市場では、競合他社よりも低価格販売の必要があり、競争が厳しくない市場では、競合他社を意識した低価格販売もそれほど必要ではないでしょう。

　製品を販売する市場は、下記のA～Dの状況比較から、完全競争市場、独占市場、寡占市場の3つに分類されます。

A　市場全体と比較した顧客の需要規模や企業の供給規模はどうか
B　企業が提供する製品が同質的か異質的か
C　企業や顧客が現在価格や製品について詳しいかどうか
D　他業界からの市場への参入や退出が容易か

　Aの市場全体と比較した顧客の需要規模や企業の供給規模は、市場に参加している供給者である企業の数と需要者である顧客の数です。お互

いの数が多ければ多いほど、それぞれが市場の価格に影響を与えることは困難になります。お互いの数が多いほど、企業は市場の価格を受け入れるように行動します。完全競争市場の企業は、市場の価格を受け入れるため、プライス・テイカーといわれます。

Bの企業が提供する製品が同質的か異質的かは、製品が同質であれば、他社製品と自社製品に違いがないため、顧客の判断材料は価格のみです。製品が同質的なら、安い製品ほど多く売れます。

Cの企業や顧客の現在価格や製品についての知識が、需要者である顧客の製品や価格に関する知識と、供給者である企業との間で変わらなければ、顧客が製品の情報を知らないことに付け込んで、企業が不当に価格をつり上げることはできません。このような状況を「情報の完全性」といいます。

Dの他業界からの市場への参入や退出が容易かどうかは、将来の価格競争の激化を意味します。市場への参入が容易だと、現在は競合企業が

図 2-01　市場の競争比較

市場構造	企業数	価格支配力	新規参入
完全競争市場	非常に多い	なし	容易
独占市場	1社	あり	不可能
寡占市場	少数	あり（競合他社を考慮）	困難

少なく、比較的高い価格で販売できる「うまみ」がある市場でも、将来は他業界からの新規参入により競合企業が多くなり、価格競争が起こる可能性が高くなります。将来の他業界からの新規参入の脅威を、「潜在的な参入の脅威」といいます。

(2) 最も競争が厳しい完全競争市場
①完全競争市場の条件

完全競争市場は、先ほどのA～Dの条件が下記のようになります。

A　市場全体と比較した顧客の需要規模や企業の供給規模はどうか
　　A'　完全競争市場では⇒市場全体と比較して非常に小さく、供給者である企業も需要者である顧客も、価格に対して影響力がない市場
B　企業が提供する製品が同質的か異質的か
　　B'　完全競争市場では⇒製品は同質的で、どの企業の製品を購入しても同じ機能や効用を持っている
C　企業や顧客が現在価格や製品について詳しいかどうか
　　C'　完全競争市場では⇒供給者である企業も需要者である顧客も現在の製品価格についてよく知っている
D　他業界からの市場への参入や退出が容易か
　　D'　完全競争市場では⇒他業界からの市場への参入や他業界への退出が自由

上記A'～D'のような条件の市場では、企業のプライシングはどのようになるでしょうか。完全競争市場のように、競争が激化しているパソコン市場で考えましょう。

A'のように、市場全体と比較して非常に小さく、企業も顧客も価格に対して影響力がない市場では、企業は市場の価格を受け入れてプライ

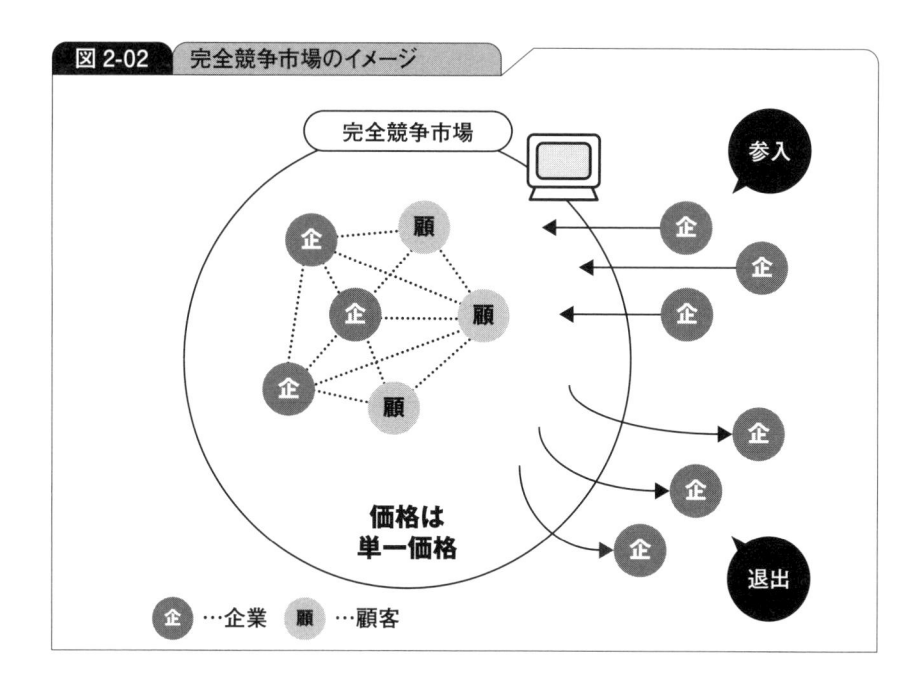

図 2-02　完全競争市場のイメージ

完全競争市場
参入
価格は単一価格
退出
企…企業　顧…顧客

シングし、顧客も市場価格で購入します。パソコン市場で、デスクトップ・パソコンが10万円ならば、すべてのパソコンは10万円で販売され、顧客に購入されます。

B'のように、製品は同質的で、どの企業の製品を購入しても同じ機能や効用を持っているならば、「ハードディスクが●●GB」や「CPUが●●」「画像が綺麗」などの差別化要因で価格を高くすることはできません。企業は市場価格の10万円でプライシングすることになります。

C'のように、企業も顧客も現在の価格についてよく知っているならば、顧客は原材料の価格や製品の製造にかかるコストを知っているため、少しでも高い製品は購入しなくなります。

競合企業も、自社の製造原価や販売費及び一般管理費について知っているため、徹底的にコスト削減したうえで、製品を製造し市場で販売します。すると、販売価格は製品の製造や販売にかかるコストとほぼ同じ

水準になります。

　D'のように、他業界からの市場への参入や、他業界への退出が自由ならば、家電メーカー以外にも、部品メーカーや低コストの他業界、海外からの参入により、低い人件費で製造する海外企業との価格競争が激化します。少しでも、市場に利益を確保できる余裕があれば、多数の企業が参入する状態が続き、市場の低価格競争が激化します。

　C'の場合と同じように、販売価格は製造や販売にかかるコストに限りなく近くなり、経営資源が少なく体力が乏しい企業や採算が合わないと判断した企業は、市場から撤退していきます。

②パソコン市場の代表企業IBMの撤退

　パソコン市場から撤退した有名事例に、IBMがあります。

　IBMが1981年に発表したパソコンの内部構造を、周辺機器メーカーに積極的に公開したため、互換機を販売するメーカーが相次ぎ、「PC」といえば『IBM PC/AT（personal computer/advanced technology）』互換機を指すほどになりました。市場にあるパソコンの大多数を占めるアーキテクチャの基礎を初期に築いたIBMでしたが、当初世界市場の8割を占めていた市場シェアは、他社の互換機の台頭により低下の一途をたどっていました。

　売却直前期には、IBMの通期売上のうち、パソコン事業の売上が占める割合は約12%といわれていました。

　2004年12月7日、ついにパソコン事業を中国のパソコン大手Lenovo Group Limited（聯想集団有限公司）へ売却することを発表して、パソコン事業から撤退しました。

　このように、パソコン市場が完全競争市場に近づくと、代表企業といえども利益の確保が困難といわれています。

(3) 完全競争市場の直面する価格は単一価格

完全競争市場の企業と顧客が直面する需要曲線は水平になります。図2-03では、需要曲線が横軸に水平に描かれています。このときの価格は10万円とします。10万円は、企業にとっての採算ベースの下限価格と考えましょう。10万円より低い価格では、価格＜費用となり存続できません。また、10万円より高い価格では、市場で競合する企業や新規参入企業の価格競争に対抗して顧客を獲得することはできません。よって企業は、存続が困難になります。

上記より、10万円の価格でしか販売できないため、いくつ販売してもパソコン1台当たり10万円しか収益が発生しません。

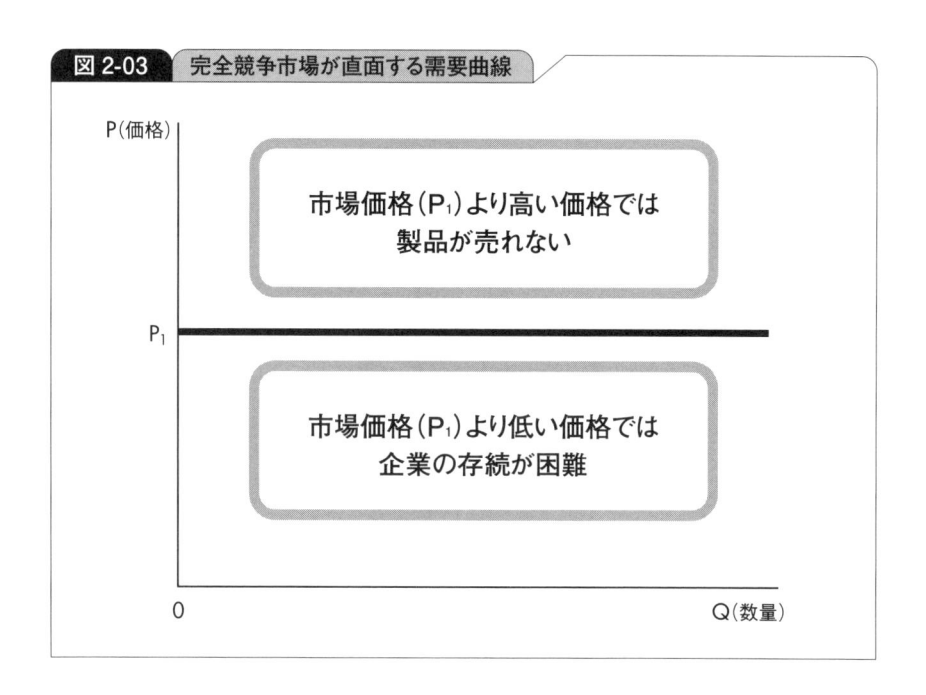

図 2-03 完全競争市場が直面する需要曲線

P(価格)

市場価格(P_1)より高い価格では製品が売れない

P_1

市場価格(P_1)より低い価格では企業の存続が困難

0　　　　　　　　　　　　　Q(数量)

section 2　プライシングと市場把握

不完全競争市場の
プライシング（独占市場）

　不完全競争市場には寡占市場と独占市場があります。完全競争市場の条件A～Dのうち、どの部分が異なるのでしょうか。まず、独占市場について紹介します。

　独占とは、市場における売り手または買い手がただ1社という状態です。売り手が1社のときが供給独占、買い手が1社のときが需要独占で、このような場合を単純独占、または完全独占といいます。

　需要独占は、愛知県の車の部品市場で、部品の買い手がトヨタ自動車しか存在しないような場合です。プライシングでは、一般的な供給独占

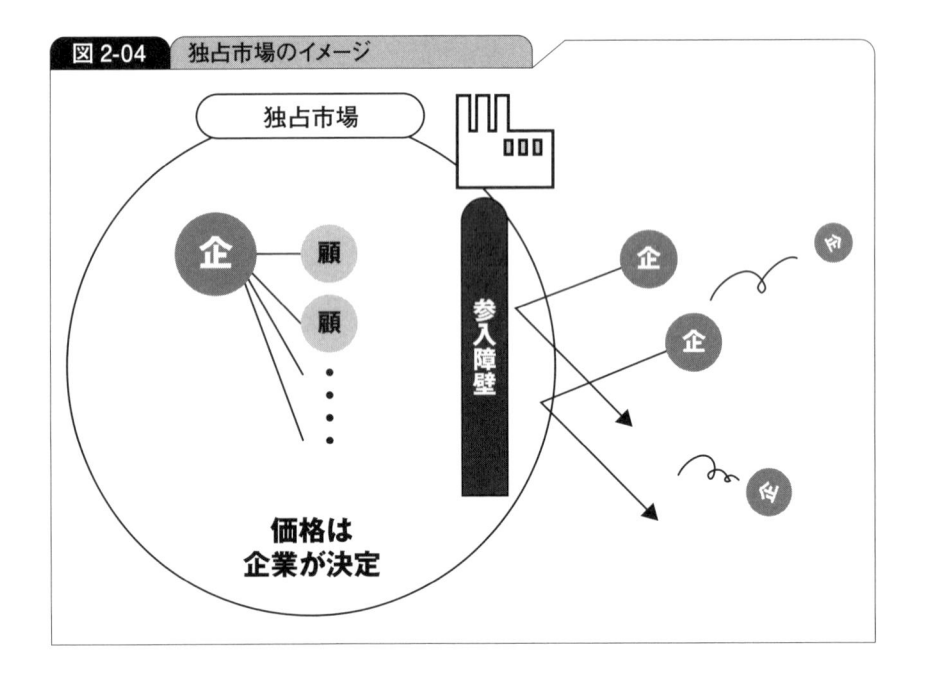

図 2-04　独占市場のイメージ

独占市場

参入障壁

価格は
企業が決定

を紹介します。

(1) 競合他社との競争がない独占市場
①独占市場の条件
独占市場は、先ほどのA～Dの条件が下記のようになります。

> A　市場全体と比較した顧客の需要規模や企業の供給規模はどうか
> 　　A'　独占市場では⇒企業は市場に1社のみです
> B　企業が提供する製品が同質的か異質的か
> 　　B'　独占市場では⇒製品は同質的ですが、供給独占の場合には1社のみ供給となります
> C　企業や顧客が現在価格や製品について詳しいかどうか
> 　　C'　独占市場では⇒完全競争市場と同じように、供給者である企業も需要者である顧客も、現在の製品価格について、よく知っています
> D　他業界からの市場への参入や退出が容易か
> 　　D'　独占市場では⇒他業界からの市場への参入がありません。市場に1社となります

　独占市場では、競合他社が市場に参入してこないため、企業は利潤を長期間、継続して獲得することができます。独占市場の企業は、市場全体が自社の供給量と同じであるため、自社の供給量を変化させ市場価格をコントロールすることができます。

　供給量を多くすれば価格が下落し、供給量を少なくすれば価格が上昇します。独占市場にある企業は、市場の価格決定権があるためプライス・メーカーといわれます。

　市場への供給量をコントロールして価格を上昇させる行動は古くからあり、江戸時代の米問屋は、自分の屋敷にある蔵に米を備蓄し、米の流

通を妨げて、市場の米不足をあおり、米の市場価格を引き上げました。

上記A'～D'のような条件の市場では、企業のプライシングはどのようになるのでしょうか。一時期、独占市場の企業に非常に近かったマイクロソフト（Microsoft）のOS（windows）で考えましょう。

A'のように、市場に企業が1社のみの場合には、企業は市場価格の決定権があります。顧客も市場価格で購入しなければなりません。マイクロソフトのOSが5万円なら、すべてのマイクロソフトのOSは5万円で販売され、顧客に購入されます。

B'のような場合は、製品は同質的ですが、供給独占の場合には1社のみの供給となります。マイクロソフトは、競合他社の価格を考慮せずに5万円でプライシングできます。

C'のような場合は、企業も顧客も現在の価格についてよく知っていますが、市場に1社しかないため5万円での販売が可能です。

D'のような場合は、他業界からの市場への参入がありません。市場は1社であるため、自社が必要とする利益を十分に確保したプライシングが可能です。

(2) 参入障壁の概要

では、競争のない独占市場はどのように形成されるのでしょうか。独占市場の形成には、他社が市場へ参入困難な参入障壁が必要です。参入障壁が高ければ高いほど新規参入は困難となり、独占市場は単一の企業によって支配されます。

①資源が特定の1社に独占されている状態
②他社の模倣が困難な技術的優位性
③政府の規制による市場参入の困難性
④先発企業の初期投資が非常に大きいことによる規模の経済性の発揮
⑤回収不能な費用であるサンク・コストの存在

①資源が特定の1社に独占されている状態

　資源が特定の1社に独占されている状態には、南アフリカのダイヤモンド関連企業のデビアスグループ（De Beers Group）の例があります。デビアスグループが世界のダイヤの生産量のほとんどを支配していたとき、デビアスグループの供給量により、ダイヤモンドの市場価格は左右されていました。

②他社の模倣が困難な技術的優位性

　他社の模倣が困難な技術的優位性は、先ほど紹介したマイクロソフトのOSのWindowsがこれにあたります。

③政府の規制による市場参入の困難性

　政府の規制による市場参入の困難性は、特許権や著作権法などの知的財産権に関する法律による保護があたります。特許権を取得した企業は、出願の日から20年間保護されます。

　具体的には、特許の権利を持つ特許権者が権利を侵害された場合には、(a) 差止請求、(b) 損害賠償請求、(c) 信用回復措置請求などの行為が認められています。

(a) 差止請求：登録された特許権を侵害された場合は、その行為を停止させることができます。

(b) 損害賠償請求：登録された特許権の侵害行為によって損害を被った場合には、その損害の賠償を請求することができます。

(c) 信用回復措置請求：登録された特許権の侵害行為が、権利者の業務全体に悪影響を及ぼすような場合には、権利者は新聞に謝罪広告を掲載させる等、信用回復のための措置を請求することができます。

　水道やガス、電気などの公益事業における、政府による参入規制があります。電力は電気事業法による許可制、都市ガスはガス事業法による許可制、水道は水道法による許可制のため、一定の地域での需要は一定の事業者からの供給となり、プライシングにも政府の規制があります。

④先発企業の初期投資が非常に大きいことによる規模の経済性の発揮

　先発企業の初期投資が非常に大きいことによる規模の経済性の発揮は、PART3 section3の（3）公益企業のプライシングの自然独占で紹介します。

⑤回収不能な費用であるサンク・コストの存在

　回収不能な費用であるサンク・コスト（sunk cost）とは、市場への新規参入時に発生し、退出時に回収不可能なコストです。これは、埋没費用ともいわれます。

　既存の航空会社が羽田―福岡路線を縮小する場合には、自社所有の旅客機を羽田―札幌路線など他の路線に転用するか、他の航空会社に転売やリースすることによって、旅客機の購入費用を回収することが可能です。

　しかし、新規に航空会社を設立して、羽田―福岡路線に参入する際には、ビジネスに失敗したときに他の路線に転用することはできません。他の航空会社に、転売やリースができないかもしれません。

　航空会社を設立して新規参入する企業は、新規参入の意思決定のとき、旅客機の多額の購入費用の回収が困難と判断したら、新規参入をやめてしまうでしょう。

　埋没費用は旅客機などへの投資だけでなく、従業員の採用や客室乗務員としての航空業界に特有な知識・スキルにかかる教育費用、広告宣伝にかかる費用も含まれます。

　上記のような投資や費用が回収可能なら、サンク・コストにはなりません。そのため、何百億円という多額の固定費用がかかっても、すべての費用が必ずしもサンク・コストにならない点に留意しましょう。

図 2-05　特許権の侵害

特許権侵害
特許権者ではない人が、特許権者に無断で特許になった発明を業として実施すること

個人的・家庭的に実施する場合は対象外

差止請求
特許権者 → STOP → 侵害者
- 侵害物の廃棄
- 侵害行為の停止
- 侵害行為に供した設備の除去

損害賠償請求
特許権者 ← 賠償金 ← 侵害者
- ロイヤルティなどをもとに計算するケースが多い

信用回復措置請求
謝罪文

刑事責任の追及
裁判所 → 懲役／罰金 → 侵害者

図 2-06　独占市場と参入障壁

独占市場　企業　← 新規参入　経営者

サンク・コストをどうするか？

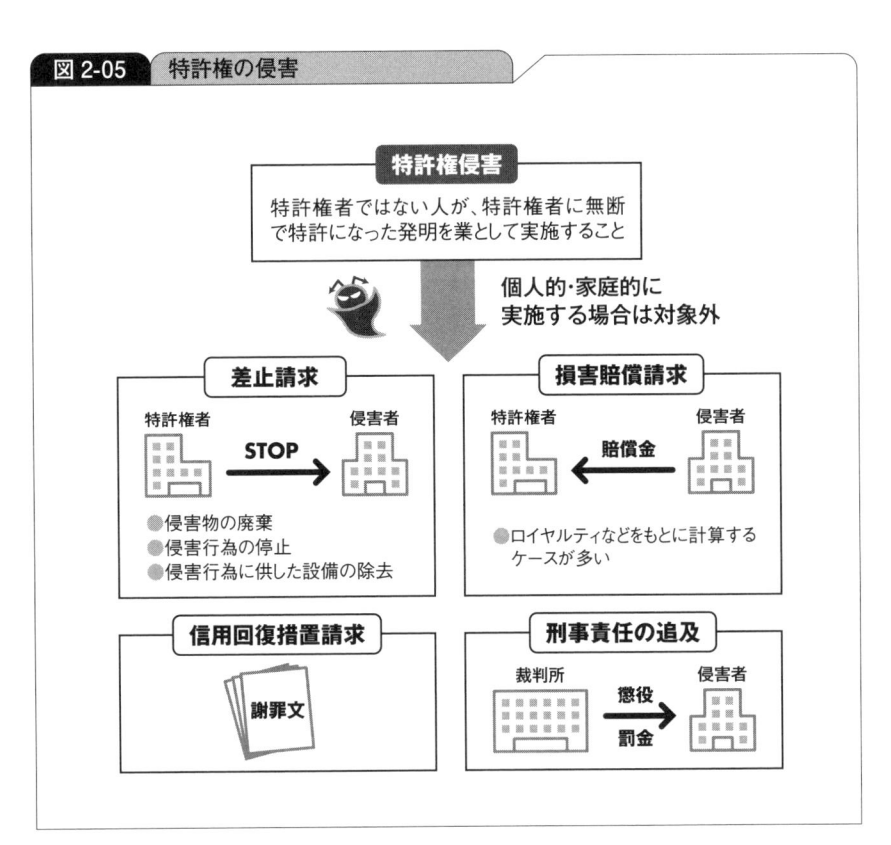

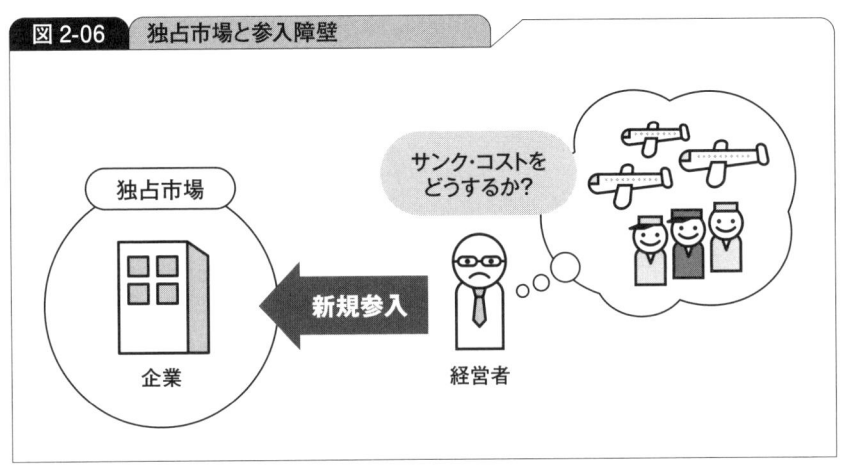

PART 2　プライシングと市場把握

section 3　プライシングと市場把握

不完全競争市場の
プライシング（寡占市場）

　不完全競争市場のうち、寡占について紹介します。完全競争市場の条件Ａ〜Ｄのうち、どの部分が異なるのでしょうか。
　寡占市場は、市場に存在している需要者及び供給者が少ない市場です。
　売り手が少数のときを供給寡占、買い手が少数のときを需要寡占、売り手企業の数が２社からなる寡占を複占といいます。

（1）競合企業が少ない寡占市場
①寡占市場の条件

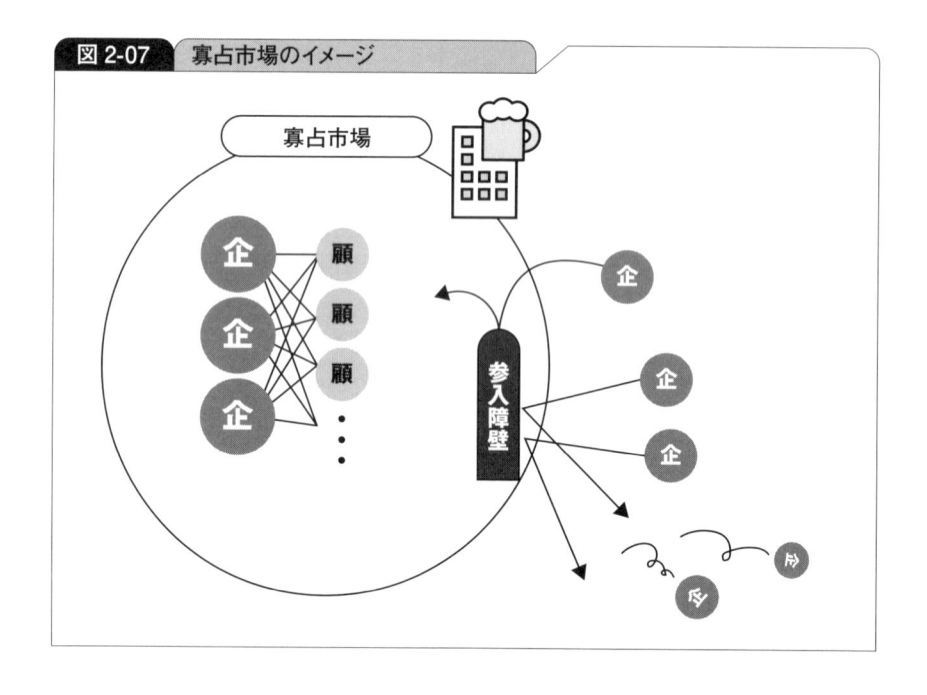

図 2-07　寡占市場のイメージ

寡占市場は、先ほどのA～Dの条件は下記のようになります。

> A　市場全体と比較した顧客の需要規模や企業の供給規模はどうか
> 　　A'　寡占市場では⇒企業は市場に数社です
> B　企業が提供する製品が同質的か異質的か
> 　　B'　寡占市場では⇒製品は同質的です
> C　企業や顧客が現在価格や製品について詳しいかどうか
> 　　C'　寡占市場では⇒完全競争市場と同じように、供給者である企業も需要者である顧客も、現在の製品価格についてよく知っています
> D　他業界からの市場への参入や退出が容易か
> 　　D'　寡占市場では⇒他業界からの市場への参入は困難です

②市場条件の変化によるプライシングの変化

上記A'～D'のような条件の市場では、企業のプライシングはどのようになるのでしょうか。寡占市場に非常に近い、ビール業界で考えてみましょう。

A'のように、市場に企業が数社のみの場合には、企業は市場価格の決定権があります。顧客も市場価格で購入しなければなりません。

しかし、寡占市場における価格や生産量や利益は、ライバル企業の行動に影響されます。ビール業界で考えると、競合他社が値上げをする中で、値上げのタイミングを遅らせることにより、業界シェアを伸ばした例があります。

2008年2月からキリン、アサヒ、サッポロの各社は、原材料高を理由にビール類を値上げしました。その中で、サントリーだけが2008年8月末まで缶の値上げを据え置き、ビール販売の最盛期の7月、8月に従来価格を維持して販売しました。

その結果、2008年1～6月のビール類の課税出荷数量で、サントリーが1963年にビール業界に参入して以来、初めてサッポロビールを抜いてシェア13%を獲得し、業界第3位に浮上しました。

寡占市場では、競合他社の動向を捉えて適切なプライシングをすることにより、出荷数量を増加させることができます。

B'のように、製品は同質的ですが、供給寡占の場合にはライバル企業が存在します。そこで、ライバル企業の製品やプライシングを考慮して、自社のプライシングを行う必要があります。プレミアム・ビールを発売する際には、麦100%などのグレードが高い製品の投入とともに、プレミアム・ビールとしての適正価格を設定します。

C'のように、企業も顧客も現在の価格についてよく知っていますが、市場には数社しかありません。そのため、サッポロの「ヱビスビール」やサントリーの「ザ・プレミアム・モルツ」の350ml缶ならば実勢価格は240円前後と、ビール業界で設定されている価格帯での購入となります。

D'のように、他業界からの市場への参入は困難です。しかし、独占市場とは異なり、新規参入は可能です。新規参入により企業数が増加すると、完全競争市場に近づくため、自社企業のシェアが減少し、利益が減少します。そこで寡占市場の既存企業は、新規参入の企業に対して参入阻止行動をとります。

(2) 新規参入への対抗プライシング

みなさんが、ある寡占市場における企業のプライシング担当者だとしたら、低価格の料金で同質のサービスを提供する新規参入企業に対して、どのようなプライシングを行うでしょうか。

①航空業界で起きた対抗プライシング

低価格のサービスによる新規参入は、航空業界においてしばしば見ら

れる企業行動です。近年、ジェットスター航空（Jetstar Airways）が、格安の航空料金でアジア、太平洋方面への長距離路線に参入した例は有名です。

国内航空路線でも、1998年にスカイマーク（Skymark Airlines Inc.）と北海道国際航空（AIR DO）が、羽田―福岡線と羽田―札幌線に、既存企業の半額近い料金水準で新規参入しました。

既存企業の全日本空輸、日本航空、日本エアシステムは、1999年に羽田―福岡線で通常料金の半額、羽田―札幌線で通常価格の6割近い価格を、新規参入企業の航空便と同一の時間帯に導入しました。この後、新規参入企業の座席利用率は急激に落ち込み、収益が悪化しています。

既存企業は、新規参入企業と同じ価格帯への価格引き下げという、新規参入企業に対抗するプライシングを採用します。

②ハイブリッド自動車市場で起きた対抗プライシング

製造業でも同様のプライシングが見られます。トヨタ自動車が先導していたプリウスに代表されるハイブリッド自動車市場に、ホンダがインサイトを低価格で投入しました。一番安い「G」グレードで189万円と、当時、230万円弱の価格帯のハイブリッド自動車市場では驚異的な低価格でした。

これに対して新型プリウスは、当初250万円程度の予定価格を大幅に引き下げ、ベースモデルを205万円として、前の世代のモデル（第2世代併売）の価格を189万円に設定しました。

このように、既存市場への新規参入企業により、寡占市場の価格は低下します。

(3) 略奪的プライシングと不当廉売

既存企業による、新規参入企業と同じ価格帯への価格引下げが行き過ぎると、略奪的プライシングとして、独占禁止法の不当廉売となります。

図 2-08　新規参入への対抗プライシング

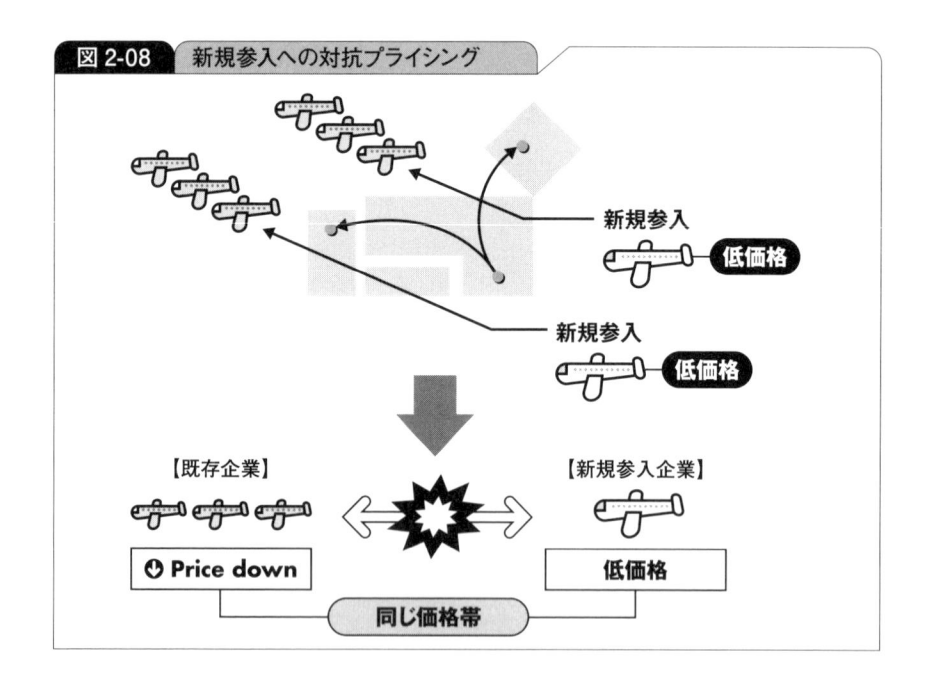

　略奪的プライシングとは、一方の企業が競合他社の需要を奪い、市場から追い出すことを目的として価格引下げを行い、競合企業が市場から退出後に価格を引き上げることです。

　略奪的プライシングが成功するためには、競合企業が赤字となる低価格を設定し、競合企業を退出させるまで低価格を続けられる企業体力が必要です。

(4) カルテルとプライス・リーダーシップ
①独占禁止法に抵触するカルテル

　寡占市場の企業がお互いに協定を結ぶことにより、ライバル企業の動向を考慮した値下げを行う必要がなく、独占市場の企業と同じような価格の維持や値上げにより、高い利益を獲得できます。

　しかし、カルテルのような競争回避の企業行動は、独占禁止法違反と

なります。カルテルの種類には、参加企業がおのおのの販売価格を決定する価格カルテル、生産量を参加企業に割り当てる生産カルテルなどがあります。PART6で紹介する入札談合もカルテルの一部です。

　生産量と価格の関連については、section2の独占市場を参照してください。市場に企業数が少ない場合には、企業が相互に生産量を制限することで価格操作が可能です。

②プライス・リーダーシップの概要

　カルテルとプライス・リーダーシップは、どのように異なるのでしょうか。文書などで協定が結ばれたり、口約束で協定が結ばれたりするとカルテルになります。文書などによる協定を明白な協定といい、口約束などによる協定を暗黙の協定といいます。

　協定を伴わずに、市場におけるリーダー企業の価格の変更に合わせることをプライス・リーダーシップといいます。プライス・リーダーシッ

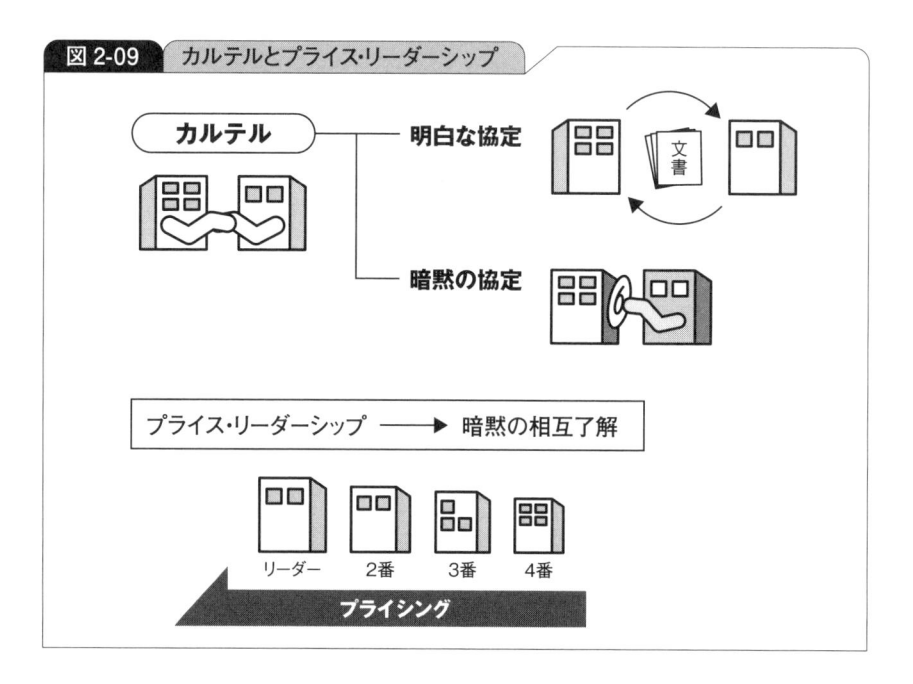

図 2-09　カルテルとプライス・リーダーシップ

プは、暗黙の相互了解ともいいます。
③ビール業界におけるプライス・リーダーシップ

　ビール業界では、プライス・リーダーシップに基づく価格の同調的引上げが長年行われています。平成6年の同調的引き上げに続き、平成15年にも行われたため、公正取引委員会は4社に対して価格引上げの理由の報告を求めています。

　キリンビール、アサヒ、サントリー、サッポロ4社の、平成14年における発泡酒国内総供給価額は4,242億円で、上位3社の市場占拠率の合計は84.4%のため、寡占市場といえます。市場において、シェアが首位の事業者はキリンビールです。

　4社は、平成15年5月1日から発泡酒の販売価格の引上げを実施し、4社の価格引上げの取引先への通知日及び価格引上げ日は図2-10のとおりです。

図2-10　4社の価格引上げの取引先への通知日及び価格引上げ日

	取引先への仮案通知日	取引先への正式通知日	価格引上げ日
キリン	平成15年3月7日	平成15年3月28日	平成15年5月1日
アサヒ	平成15年3月14日	平成15年3月31日	平成15年5月1日
サントリー	平成15年3月18日	平成15年4月14日	平成15年5月1日
サッポロ	平成15年3月18日	平成15年4月1日	平成15年5月1日

出典：公正取引委員会ホームページ　http://www.jftc.go.jp

価格引上げの内容を、競合関係にあると認められる製品ごとにみると、生産者価格、メーカー希望卸売価格及びメーカー希望小売価格のそれぞれの引上げ額及び新価格は4社とも同一となっています。

　4社の報告によると、アサヒ、サントリーの2社は、シェアが首位のキリンの価格を自社の価格案の最終決定するうえで参考にしたとしており、サッポロビールは、先行して仮案を発表した上位2社（キリン、アサヒ）の改定内容を確認したうえで、仮案を決定したとしています。

　このように、キリンをプライスリーダーとした企業行動がビール業界に存在することが明らかになっています。

(5) ゲーム理論と囚人のジレンマ

　寡占市場におけるプライシングのヒントとなる考え方に、ゲーム理論があります。寡占市場のプライシングでは、競合他社の動向を予測して

図 2-11　主要事業者4社における共通商品の引上状況

		生産者価格	希望卸売価格	希望小売価格
350ml缶	新価格	104.00	115.75	145.00
	旧価格	94.00	105.75	135.00
増税額10.24	引上額	10.00	10.00	10.00
	引上率	10.6	9.5	7.4
500ml缶	新価格	143.75	161.50	201.00
	旧価格	128.50	146.00	185.00
増税額14.63	引上額	15.25	15.50	16.00
	引上率	11.9	10.6	8.6

出典：公正取引委員会ホームページ　http://www.jftc.go.jp

行動することが必要です。ゲーム理論とは、利害対立を含む複数主体の間の行動原理をゲームの形で一般化した理論です。

①囚人のジレンマの結論

　ゲーム理論の考え方を理解するために、囚人のジレンマを紹介します。罪を犯した容疑者Aと容疑者Bがいます。両者は逮捕され、別々の部屋で取り調べを受けています。

　取り調べに対して、容疑者Aと容疑者Bの取り得る行動は、「自白する」と「自白しない」の2つです。両者とも自白しない場合には、本件では、証拠不十分のため無罪になります。しかし、別件では証拠もほぼ揃っているため、両者ともに2年の刑を覚悟しなくてはなりません。

　両者には取り調べの前に、相手より先に自白をすれば罪が軽くなり、相手が自白しているのに自分が自白しなければ罪が重くなることが告げられています。

　図2-12で、（Aの刑期、Bの刑期）を示しています。次の内容が読み取れます。容疑者A、容疑者Bの両者のうち、一方が自白し、他方が自白しなかった場合、自白しなかった者は反省が見られないとして懲役10年が課せられます。先に自白した者は司法取引上、捜査側への協力として、別件の2年の刑が懲役1年に減刑されます。容疑者A、容疑者Bの両者とも自白した場合には、懲役7年が課されます。

図2-12　囚人のジレンマ

Aの行動 \ Bの行動	自白する	自白しない
自白する	(7、7)	(1、10)
自白しない	(10、1)	(2、2)

もし、2人の容疑者が頑強に自白を拒み続ければ、両者は懲役2年で釈放されるにもかかわらず、疑心暗鬼になった容疑者Aも容疑者Bも、自白に追い込まれる結果になります。

②合理的な行動を採用すると「自白する」に追い込まれる

　容疑者Aと容疑者Bが「自白する」に追い込まれるプロセスについて考えます。

(a) 容疑者Bが「自白する」を採用した場合

　容疑者Aは、刑を少なくするために「自白する」を採用します。

　容疑者Aの考え：容疑者Bが「自白する」を採用したとき、容疑者A

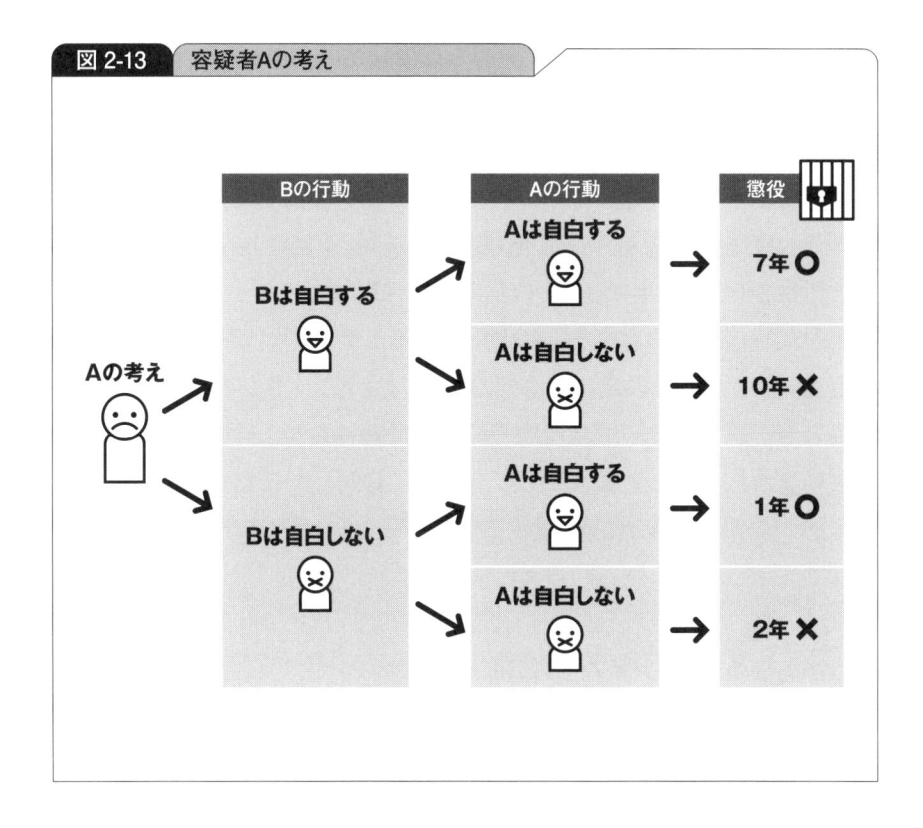

図 2-13　容疑者Aの考え

Bの行動	Aの行動	懲役
Bは自白する	Aは自白する	7年 ○
Bは自白する	Aは自白しない	10年 ×
Bは自白しない	Aは自白する	1年 ○
Bは自白しない	Aは自白しない	2年 ×

は「自白する」を採用すると懲役7年となり、「自白しない」を採用すると懲役10年となるため、「自白する」を採用したほうが良い。
(b) 容疑者Bが「自白しない」を採用した場合
　容疑者Aは、刑を少なくするために「自白する」を採用します。
　容疑者Aの考え：容疑者Bが「自白しない」を採用したとき、容疑者Aは「自白する」を採用すると懲役1年となり、「自白しない」を採用すると懲役2年となるため、「自白する」を採用したほうが良い。
(c) 容疑者Aが「自白する」を採用した場合
　容疑者Bは、刑を少なくするために「自白する」を採用します。
容疑者Bの考え：容疑者Aが「自白する」を採用したとき、容疑者Bは「自白する」を採用すると懲役7年となり、「自白しない」を採用すると懲役10年となるため、「自白する」を採用したほうが良い。
(d) 容疑者Aが「自白しない」を採用した場合
　容疑者Bは、刑を少なくするために「自白する」を採用する。
容疑者Bの考え：容疑者Aが「自白しない」を採用したとき、容疑者Bは「自白する」を採用すると懲役1年となり、「自白しない」を採用すると懲役2年となるため、「自白する」を採用したほうが良い。
　上記(a)〜(d)の内容をまとめると図2-15となります。この図をみると、容疑者A・Bがともに自白する場合も、容疑者A・Bがともに自白しない場合も、両者にとって合理的で最適な行動である「自白する」を選択しています。しかし、個人として合理的に行動したことが、集団としては最悪の結果（容疑者Aの懲役7年と容疑者Bの懲役7年で懲役14年）となります。

(6) 小売店のプライシングへの応用
① 「値下げをする」か「値下げをしないか」の分岐点
　先ほど紹介した囚人のジレンマを、小売店のA店とB店のプライシン

図 2-14　容疑者Bの考え

Aの行動	Bの行動	懲役
Aは自白する	Bは自白する	7年 ○
Aは自白する	Bは自白しない	10年 ×
Aは自白しない	Bは自白する	1年 ○
Aは自白しない	Bは自白しない	2年 ×

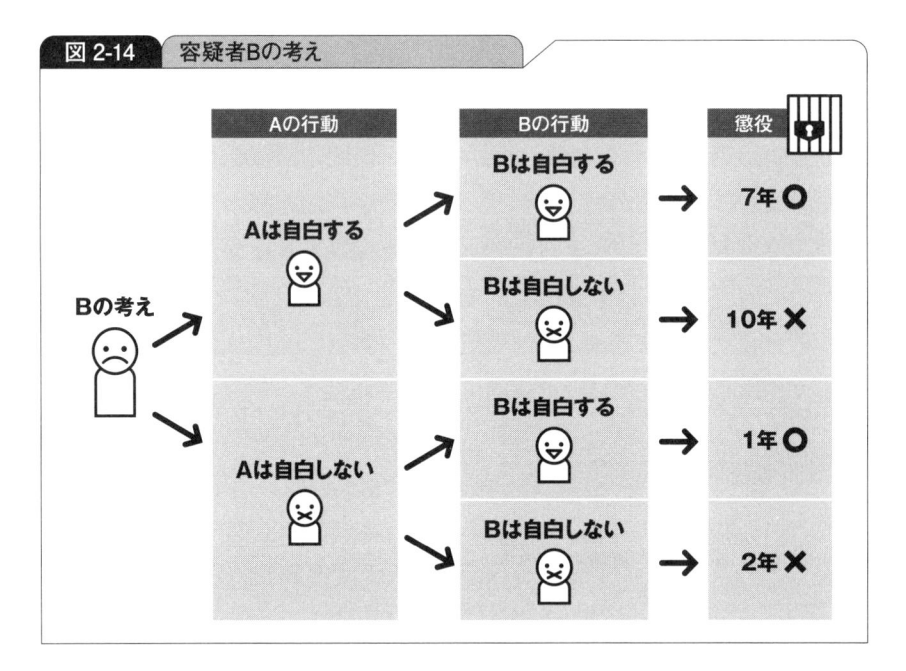

図 2-15　疑心暗鬼になり「自白する」を選択する

容疑者A・Bがともに自白する場合	容疑者A・Bがともに自白しない場合
Bが自白する⇒Aも自白する	Bは自白しない⇒Aは自白する
Aが自白する⇒Bも自白する	Aは自白しない⇒Bは自白する

Aの行動＼Bの行動	自白する	自白しない
自白する	(7、7)	(1、10)
自白しない	(10、1)	(2、2)

PART 2　プライシングと市場把握

グに応用します。ある地域に2店しかない小売店で、両店舗とも同じ商品の在庫を抱え、経営に影響するほどの値下げを考えています。図2-16で、(A店の利益、B店の利益) を示しています。単位は (千万円) です。

A店とB店の戦略が図2-16のような場合、両店が揃って「値下げをしない」を選択すれば、7千万円の利益を獲得できるにもかかわらず、先ほどの囚人のジレンマに陥って、両店とも「値下げする」の戦略を選択することにより、A店もB店も2千万円の利益しか得られない結果となります。

図 2-16　A店とB店の獲得利益

A店の戦略＼B店の戦略	値下げする	値下げしない
値下げする	(2、2)	(10、1)
値下げしない	(1、10)	(7、7)

②合理的な行動を採用すると、両店舗とも「値下げする」を選択

A店とB店が「値下げする」を選択するプロセスについて考えます。

(a) B店が「値下げしない」を採用した場合

A店は、最大利益を獲得するために「値下げする」を採用します。

A店の考え：B店が「値下げしない」を採用したとき、A店は「値下げしない」を採用すると7千万円の利益となり、「値下げする」を採用すると10千万円 (1億円) となるため、「値下げする」を採用したほうが良い。

(b) B店が「値下げする」を採用した場合

A店は、最大利益を獲得するために「値下げする」を採用します。

A店の考え：B店が「値下げする」を採用したとき、A店は「値下げしない」を採用すると1千万円の利益となり、「値下げする」を採用すると2千万円の利益となるため、「値下げする」を採用したほうが良い。

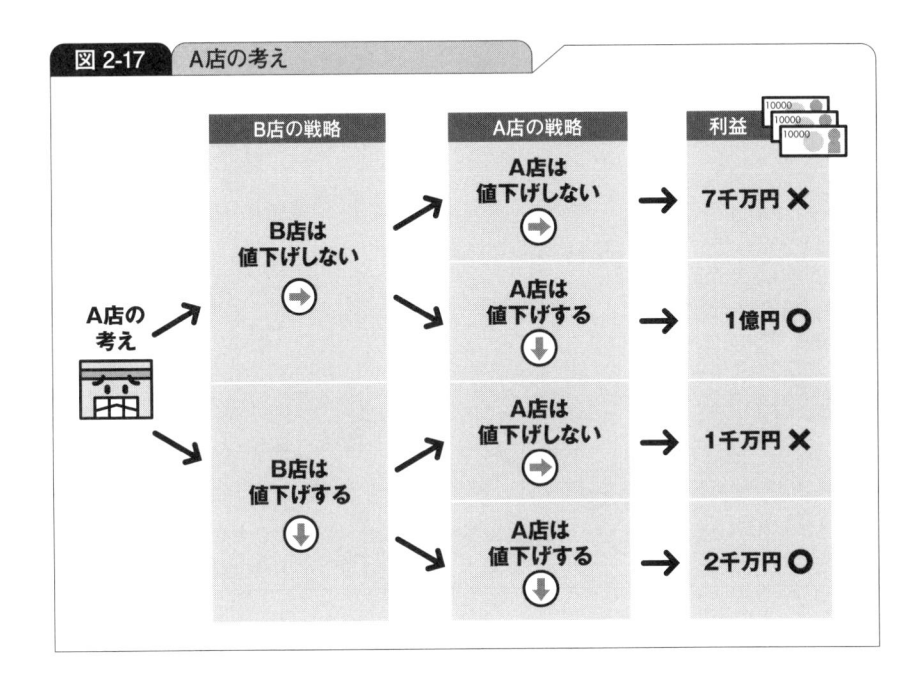

(c) A店が「値下げしない」を採用した場合

B店は、最大利益を獲得するために「値下げする」を採用します。

B店の考え：A店が「値下げしない」を採用したとき、B店は「値下げしない」を採用すると7千万円の利益となり、「値下げする」を採用すると10千万円（1億円）となるため、「値下げする」を採用したほうが良い。

(d) A店が「値下げする」を採用した場合

B店は、最大利益を獲得するために「値下げする」を採用します。

B店の考え：A店が「値下げする」を採用したとき、B店は「値下げしない」を採用すると1千万円の利益となり、「値下げする」を採用す

図 2-17　A店の考え

B店の戦略	A店の戦略	利益
B店は値下げしない	A店は値下げしない	7千万円 ✗
	A店は値下げする	1億円 ○
B店は値下げする	A店は値下げしない	1千万円 ✗
	A店は値下げする	2千万円 ○

ると2千万円の利益となるため、「値下げする」を採用したほうが良い。

このように、A店とB店に、カルテルのような事前の協定がなければ、自店にとって合理的な戦略を採用すると、両店とも「値下げする」を採用し、両店の利益額の合計（A店2千万円、B店2千万円の合計4千万円）は最低になります。

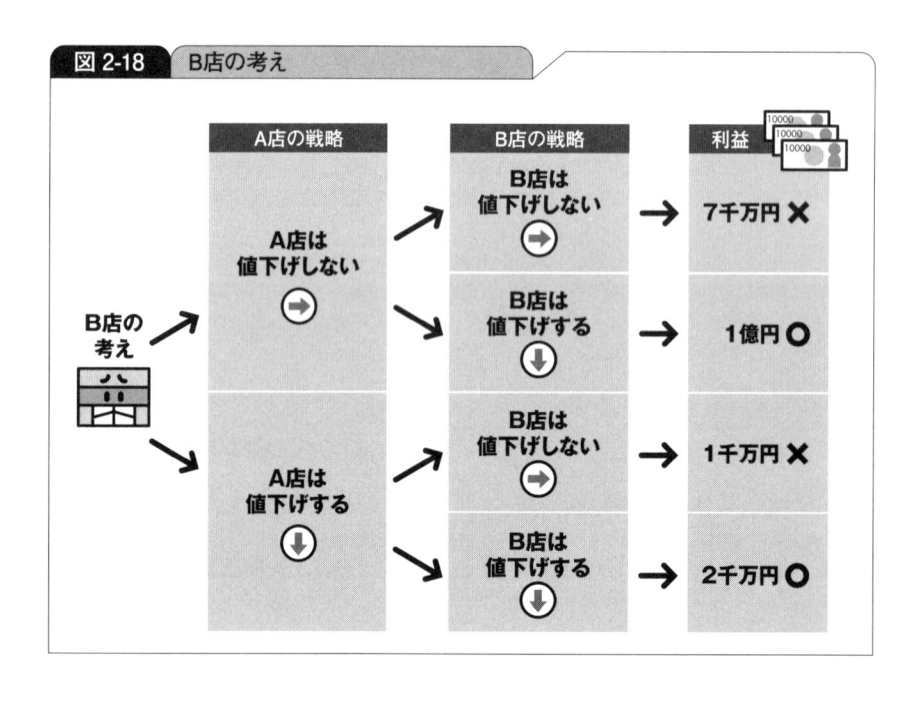

図 2-18　B店の考え

B店の考え	A店の戦略	B店の戦略	利益
	A店は値下げしない	B店は値下げしない	7千万円 ✕
		B店は値下げする	1億円 ◯
	A店は値下げする	B店は値下げしない	1千万円 ✕
		B店は値下げする	2千万円 ◯

図 2-19　疑心暗鬼になり「値下げする」を選択する

A・B店がともに値下げしない場合	A・B店がともに値下げする場合
Aは値下げしない⇒Bは値下げする	Aが値下げする⇒Bも値下げする
Bは値下げしない⇒Aは値下げする	Bが値下げする⇒Aも値下げする

A店の戦略 ＼ B店の戦略	値下げする	値下げしない
値下げする	(2、2)	(10、1)
値下げしない	(1、10)	(7、7)

section 1　価格弾力性とプライシング
section 2　需要の価格弾力性を用いたプライシングの実践
section 3　規模の経済性・範囲の経済性とプライシング

PART 3

プライシングと経済学の基礎

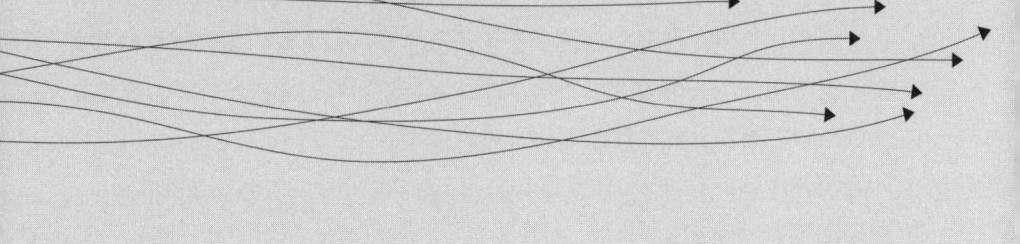

価格弾力性とは何か？規模の経済性、
範囲の経済性とは何か？
プライス・マーケティングを理解する際に
避けては通れない経済学の基礎を理解するとともに、
需要の価格弾力性を用いたプライシングの実践を理解する

section 1　プライシングと経済学の基礎

価格弾力性とプライシング

　みなさんは、価格弾力性や範囲の経済性、規模の経済性という言葉を聞いたことがあるでしょうか。プライシングは、マーケティングだけではなく、経済学の視点でも研究されてきました。ここでは、プライシングの経済学について紹介します。

(1) 価格弾力性と需要量の関係

　みなさんは、「弾力性」という言葉から何を連想しますか。「弾力」という言葉は、ゴムひもを伸ばすときによく使われます。ゴムひもに力を加えたとき、少しの力でよく伸びるゴムを弾力性があるといい、あまり伸びないときには弾力性がないといいます。

　経済学では、「何かが1％変化したときに、他のものが何％変化するか」を弾力性といいます。

　需要の価格弾力性は、ゴムひもと同じように、価格という力を1％加えたときの需要の伸びる（増加する）割合と考えましょう。

　価格の変化に対して需要量の増加の割合が大きいときには、「価格弾力性が高い」といいます。反対に、需要量の増加の割合が小さいときには、「価格弾力性が低い」といいます。まったく変わらないときは、「価格非弾力的」といいます。

(2) グラフの傾きと価格弾力性の関係

　プライシングの際に企業が商品の価格弾力性を把握するために、価格と需要量や販売量の変化をグラフにして検討する方法があります。

図3-01は、右下がりの2本の需要曲線が示されています。傾きが急な需要曲線（D_1）と、傾きが緩やかな需要曲線（D_2）です。

価格が、P_1からP_2へ下がったときの数量の変化を考えましょう。傾きが急な需要曲線（D_1）は、数量が少ししか変化しません。傾きが緩やかな需要曲線（D_2）は、傾きが急な需要曲線と比較して数量が大きく変化しています。図3-01から次のことがわかります。

> 傾きが急な需要曲線→需要の価格弾力性が低い
> 傾きが緩やかな需要曲線→需要の価格弾力性が高い

(3) 需要の価格弾力性の公式

需要の価格弾力性の公式は次のようになります。公式を理解するために、具体的な数値を用いて弾力性を計算してみましょう。

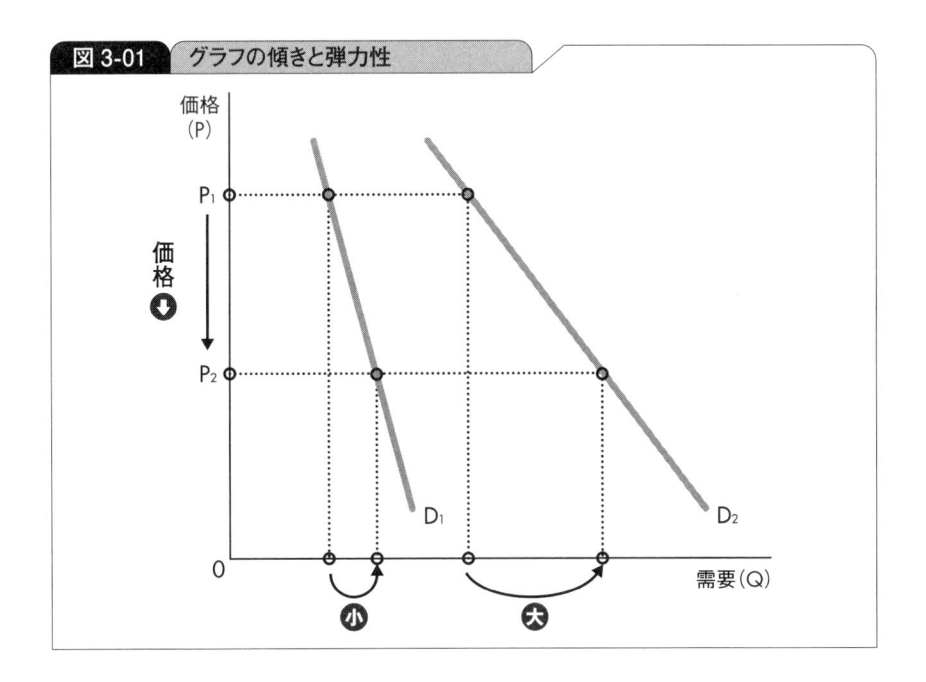

図3-01　グラフの傾きと弾力性

PART 3　プライシングと経済学の基礎

$$\text{需要の価格弾力性} = \frac{\text{製品の需要量の変化率}}{\text{製品の価格の変化率}}$$

　図3-02で、グラフの縦軸は大根の価格、横軸は大根の購入本数とします。グラフでは、大根の価格の低下によって購入本数が増加しているのがわかります。

　需要曲線の傾きを計算しましょう。企業のプライシングでは、製品の需要曲線の傾きについての理解が必要です。需要曲線の傾きは、「高さ」（大根の価格の変化）を「幅」（大根の購入本数の変化）で割った値です。傾きを計算すると、次のようになります。

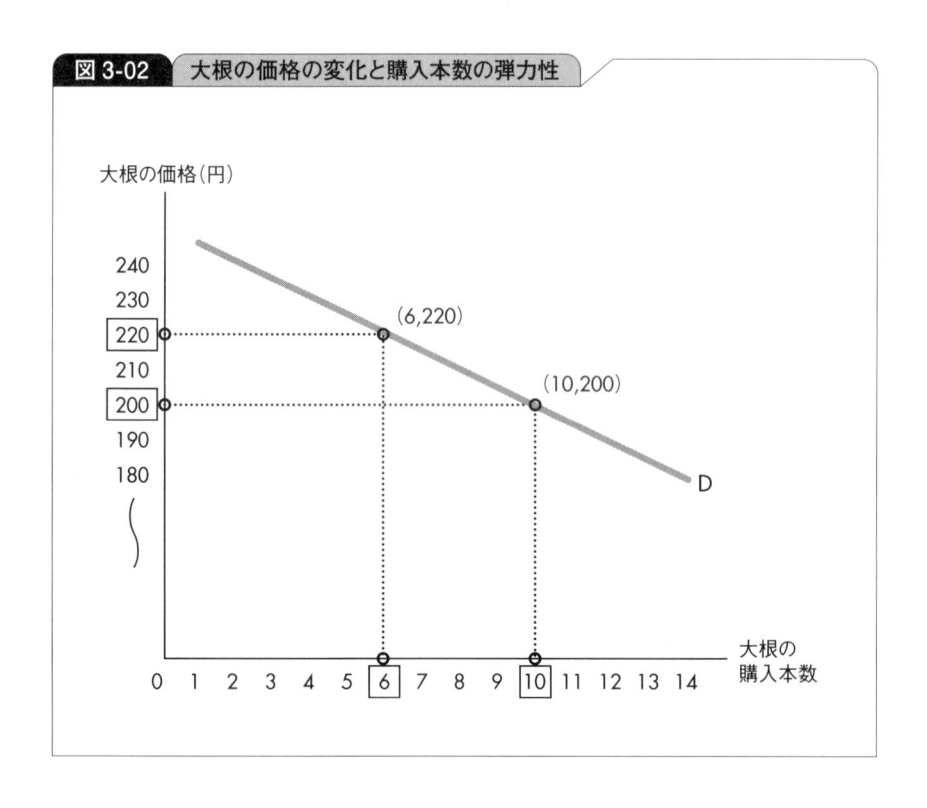

図 3-02　大根の価格の変化と購入本数の弾力性

需要曲線の傾き

$$= \frac{大根の価格の変化}{大根の購入本数の変化} = \frac{200 - 220}{10 - 6} = -\frac{20}{4} = -5$$

　大根の価格の変化が、購入本数の変化に大きく影響を与えると、傾きが緩やかになります。先ほどと同じ価格変化で、大根の購入本数が6本から14本へと変化すると、傾きは－2.5となり、傾きは緩やかになります。

需要曲線の傾き

$$= \frac{大根の価格の変化}{大根の購入本数の変化} = \frac{200 - 220}{14 - 6} = -\frac{20}{8} = -2.5$$

(4) 需要の価格弾力性の計算

　プライシングでは、価格弾力性の考え方を用いて、企業が価格を変化させた場合、販売量にどれだけ影響があるかを計算します。

　大根の価格が、200円から220円に値上がりし、大根の購入本数が10本から6本へと減少した場合、価格の変化率は10％、需要量の変化率は－40％となります。

　需要の価格の弾力性は4となります。弾力性が4ということは、需要量の変化割合が価格の変化割合の4倍であることを示しています。一般的に、価格弾力性はプラス表示します。

$$価格の変化率 = \frac{220 - 200}{200} \times 100 = 10\%$$

$$需要量の変化率 = \frac{6 - 10}{10} \times 100 = -40\%$$

section 2　プライシングと経済学の基礎

需要の価格弾力性を用いたプライシングの実践

　先ほど説明した需要の価格弾力性と傾きの考え方を用いて、企業の値上げと値下げについて考えてみましょう。今、ある企業の電気ストーブの価格と需要の関係が図3-03の需要曲線で示されます。この電気ストーブは、現在10,000円で10万台販売されているとします。

(1) 価格の引上げとプライシング

　価格上昇のプライシングを考えてみましょう。現在の価格10,000円から10%価格上昇させ、11,000円にプライシングをしました。需要曲線を見ると8万台に需要が減少します。

　みなさんが企業の経営者なら、この意思決定を採用するでしょうか。ここで需要の価格弾力性を計算すると、10%の価格上昇が、20%の販売量（需要量）の減少をもたらしていることがわかります。

$$価格の変化率 = \frac{11,000円 - 10,000円}{10,000円} \times 100 = 10\%$$

$$需要量の変化率 = \frac{8万台 - 10万台}{10万台} \times 100 = -20\%$$

$$需要の価格弾力性 = \frac{需要の変化率}{価格の変化率} = \frac{-20\%}{10\%} = 2$$

　需要の価格弾力性が2となり、需要量（販売量）の変化が価格の変化の2倍となっています。需要量がすべて売上高になると仮定すると、10%の価格引上げは、1億2千万円の売上高の減少になります。

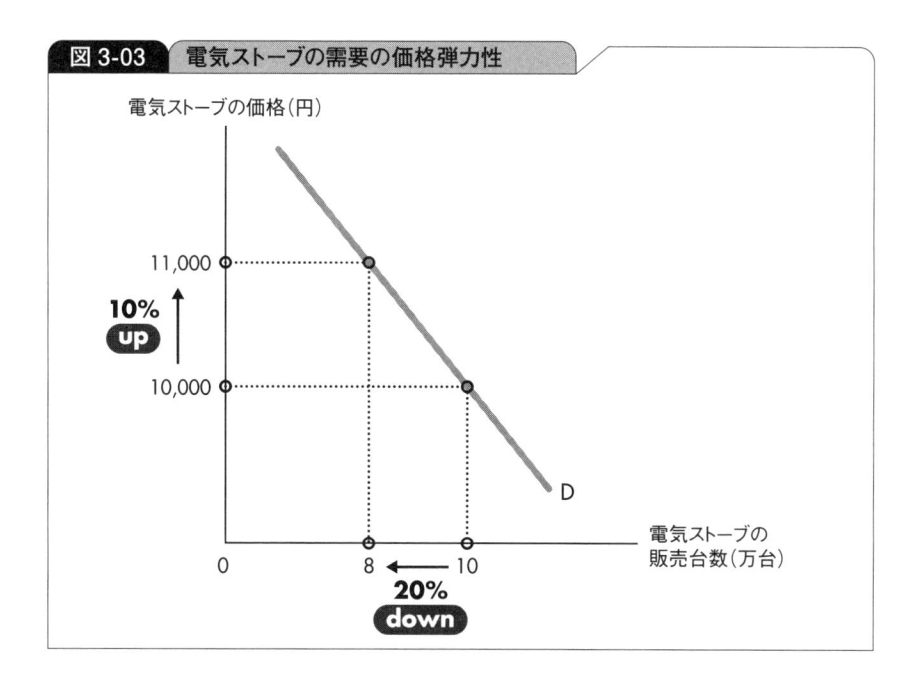

図3-03　電気ストーブの需要の価格弾力性

【値上げの場合の計算プロセス（価格弾力性＞1）】

従来の価格の場合の売上高
　＝値上げ前の価格×値上前の販売量
　＝10,000円×10万台＝100,000万円（10億円）

価格引上後の売上高
　＝値上げ後の価格×値上後の販売量
　＝11,000円×8万台＝88,000万円（8億8千万円）

売上高の減少額＝価格引上後の売上高－従来の価格の場合の売上高
　＝8億8千万円－10億円＝－1億2千万円

　売上高の減少額の結果を見ると、需要の価格弾力性が2のときには、値上げは断念することになります。

(2) 需要の価格弾力性が1より小さい場合

　もし、電気ストーブの需要の価格弾力性が1より小さければ、この値上げのプライシングは実行するべきです。今回の1万円から1万1千円への値上げの際に、販売量（需要量）が10万台から9万5千台へと5千台しか減少しなかったら、需要の価格弾力性は0.5となり、1より小さくなります。

【値上げの場合の計算プロセス（価格弾力性＜1）】
従来の価格の場合の売上高
　＝値上げ前の価格×値上前の販売量
　＝10,000円×10万台＝100,000万円（10億円）
価格引上後の売上高
　＝値上げ後の価格×値上後の販売量
　＝11,000円×9万5千台＝104,500万円（10億4千5百万円）
売上高の増加額＝価格引上後の売上高価格－従来の価格の場合の売上高
　＝10億4千5百万円－10億円＝4千5百万円

　売上高の増加額の結果を見ると、需要の価格弾力性が1より小さいときには、値上げをすべきということになります。

(3) 値下げのプライシングと需要の価格弾力性

　値下げの場合は、値上げの場合とは異なります。需要の価格弾力性が1より小さい場合を考えてみましょう。電気ストーブの需要の価格弾力性が0.5になったとします。すると10％の価格引下げは、5％の販売量増加になります。

【値下げの場合の計算プロセス（価格弾力性<1）】

従来の価格の場合の売上高
　　＝値下前の価格×値下げ前の販売量
　　＝10,000円×10万台＝100,000万円（10億円）

価格引下後の売上高
　　＝値下げ後の価格×値下げ後の販売量
　　＝9,000円×10万5千台＝94,500万円（9億4千5百万円）

売上高の減少額＝価格引き下げ後の売上高－従来の価格の場合の売上高
　　＝9億4千5百万円－10億円＝－5千5百万円

　売上高の減少額の結果を見ると、需要の価格弾力性が1より小さいときには、値下げをすべきでないということになります。

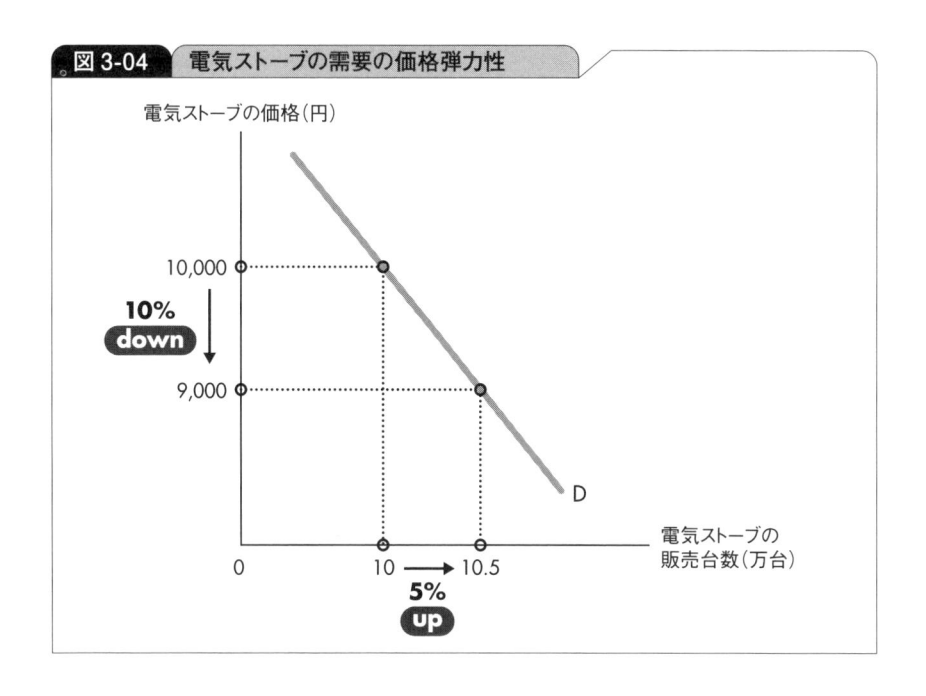

図 3-04　電気ストーブの需要の価格弾力性

電気ストーブの価格（円）

10,000　**10% down**

9,000

D

0　　10　→　10.5　　電気ストーブの販売台数（万台）

5% up

(4) 需要の交差弾力性で競合企業の製品との関連を把握する

　自社の販売する製品の競合関係を把握する手法に、需要の交差弾力性があります。需要の交差弾力性は、A商品の価格の変化が、B商品の需要量の変化に与える影響度合を表しています。

$$需要の交差弾力性 = \frac{B商品の需要量の変化率}{A商品の価格の変化率}$$

　市場において競合他社の製品との関連を把握するためには、消費と生産の両面において代替が可能かどうかを考慮します。ビールと清酒の需要に対する交差弾力性が高いとき、密接な代替関係があるため同一市場と考えます。

①交差弾力性の値がプラスの場合⇒X財とY財とが代替の関係
②交差弾力性の値がゼロの場合⇒X財とY財とが無関係
③交差弾力性の値がマイナスの場合⇒X財とY財とが補完の関係

①交差弾力性の値がプラスの場合
　交差弾力性の値がプラスの場合には、X財とY財とは代替の関係です。旅行会社の沖縄旅行とグアム旅行の関係を考えましょう。
　沖縄旅行の料金が引き下げられたとき、グアム旅行の申込者数が減少したら、2つの商品の間には代替関係が考えられます。

$$需要の交差弾力性 = \frac{グアム旅行の需要量の変化率（-40\%）}{沖縄旅行の価格の変化率（-20\%）}$$
$$= 2（プラス）$$

②交差弾力性の値がゼロの場合
　交差弾力性の値がゼロの場合には、X財とY財とは無関係です。ファ

ミリーレストランの料金が値下げされたが、ラーメン屋の売上は変化しなかったとき、この2つは無関係と考えられます。

$$需要の交差弾力性 = \frac{ラーメン屋の需要量（売上高）の変化率（0\%）}{ファミリーレストランの価格の変化率（-20\%）}$$

$$= 0（ゼロ）$$

③交差弾力性の値がマイナスの場合

　交差弾力性の値がマイナスの場合には、X財とY財とは補完の関係です。パソコンの価格が特売で安くなっているときに、プリンタの売上が増加したなら、2つの関係は補完していると考えられます。

$$需要の交差弾力性 = \frac{プリンターの需要量（売上高）の変化率（20\%）}{パソコン価格の変化率（-20\%）}$$

$$= -（マイナス）$$

section 3　プライシングと経済学の基礎

規模の経済性・範囲の経済性とプライシング

　企業のプライシングでは、製品の製造や販売にかかるコストを考慮します。同一製品を、同一の市場で販売する際、コストが低い企業のほうが、コストの高い企業と比較して競争力があります。
　プライシングにおいてコストを考える際、規模の経済性と範囲の経済性を考慮します。

(1) 規模の経済性

　規模の経済性とは、生産量の増大に伴って長期平均費用が逓減していく現象です。図3-05を見ると、平均費用曲線が一定の生産量まで右下がりになっています。右下がりの部分は平均費用が逓減していることを示します。
　平均費用が逓減しているときは、生産量を増加させるほど費用は減少します。A社とB社の平均費用を比較すると、生産量が多いA社の平均費用は、B社の平均費用よりも低くなっています。
　飲料メーカーのように、150円や110円といった一定の価格帯で、他の企業と競争する場合に販売単価が同じならば、原材料や仕入価格が低いほど利益は大きくなります。
　「規模の経済性」が発生する市場では、生産物1単位当たりの費用が低くなると、価格を引き下げて競合他社に勝つことが容易になり、価格競争上有利になります。企業はできるだけ規模を大きくしたり、市場におけるシェアを拡大させたりします。

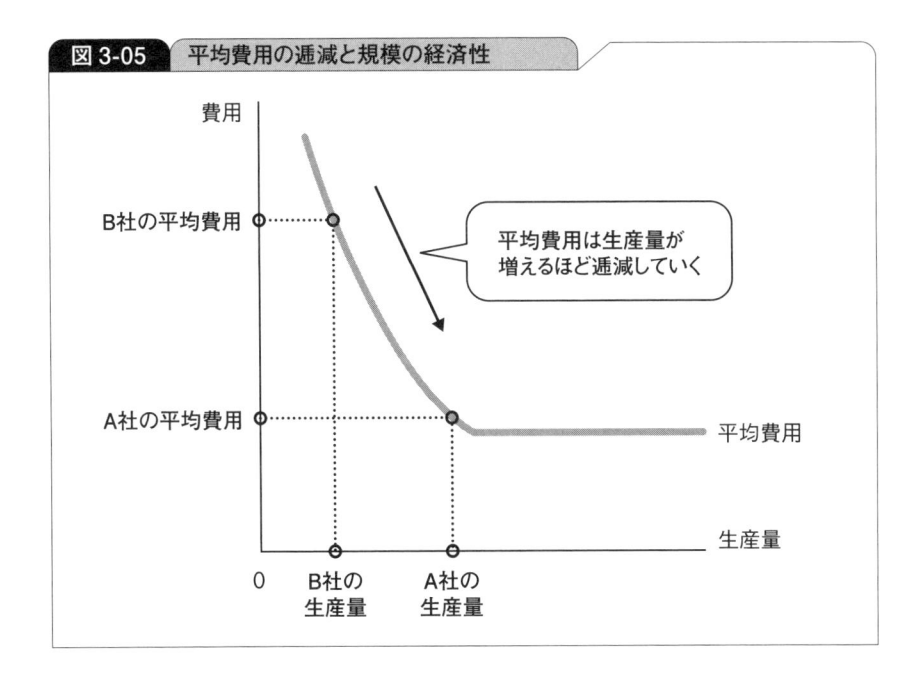

図 3-05 平均費用の逓減と規模の経済性

- 費用
- B社の平均費用
- A社の平均費用
- 平均費用は生産量が増えるほど逓減していく
- 平均費用
- 生産量
- 0　B社の生産量　A社の生産量

(2) 範囲の経済性

「範囲の経済性」とは、ある企業が複数の種類の財・サービスの生産に必要とされる費用の合計が、個々の財・サービスの単独での生産の費用合計に比べて小さいことです。

複数の種類の財・サービスを生産することで費用が小さくなる要因には、共通費用の存在があります。

具体的には、鉄道会社が旅客列車と貨物列車を運行する場合、鉄道の線路や信号設備は共通費用であり、旅客列車のみ、あるいは貨物列車のみを経営する鉄道会社よりも安いコストでサービスを供給できます。

複数の財・サービスを生産するほうが安いなら、企業は複数の財・サービスを大規模に生産したほうが、個別の市場で生産を行う企業との競争では有利になります。

(3) 公益企業のプライシング

　一般の企業と同じように、電力、ガスなどの公益企業にもプライシングがあります。

　公益企業は初期投資額が大きく、規模の経済性が働くため、先発企業が独占状態になる傾向があります。電力会社を例にとると、発電所や発電に必要なダムなどに多額の初期投資がかかることで、後発企業はコスト的に不利になり、市場に参入することが困難となるため、1社独占となります。

　電力やガス、鉄道などの公益企業が自由にプライシングをしたら、顧客は必要以上に高い料金を受け入れなければなりません。

　そこで政府は、公益企業のプライシングに対して、「価格規制」という形で介入します。

①電力料金で採用されているレート・ベース・プライシング

　日本の電力料金は、レート・ベース方式が採用されています。レート・ベース方式では、次の算式により電力単価が計算され、電力料金に反映されます。

　　a.総括原価＝適正事業報酬＋適正原価
　　b.総括原価÷販売予定電力料＝電力単価（円/Kwh）

　レート・ベース方式では、まず「総括原価」を決定します。総括原価は、大きく適正原価と適正事業報酬の2つに分けられます。

　適正原価とは、発電に関わる人件費、燃料費、修繕費、諸税、減価償却費などです。適正事業報酬は、発電、送電、変電、配電及び営業用の施設、運転資本などの合計額がレート・ベース資産とされ、レート・ベース資産の帳簿価格の一定割合が事業報酬として認められます。

②ピークロード・プライシング

　ピークロード・プライシングとは、需要変動の波動を抑制するために、「需要量＞設備能力」時には、需要抑制型の料金体系をとって需要を抑え、

「需要量＜設備能力」時には、需要喚起型の料金設定を行って需要を多くする価格決定方式です。

公共サービスの多くは貯蔵不可能財であり、需要面でピーク、オフピークが存在します。1日の時間帯、休平日、季節などの生活パターンや周期的な変動が直接、需要の変動として生じてきます。

公共サービスには需要に対する供給責任があり、需要の変動に即応する形での供給システムをとらざるを得ません。生産設備は最大需要を充足するだけの設備規模を持たなければならず、低需要期には設備の遊休化が生じます。このため、需要変動の波が激しければ激しいほど、オフピーク時（たとえば夜間時間帯）には大きな遊休設備が発生します。

ピークロード料金は、すでにいろいろな分野で導入されています。電話や電気の夜間割引料金、鉄道の繁忙期と閑散期の料金格差、国際航空の季節別料金など、ピークロード料金の導入は、混雑現象の緩和にある程度役立っています。

③2部料金制

2部料金制とは、需要量の変化に対応させない「定額料金制」と需要量の変化に対応させた「従量料金制」とを組み合わせた、複合的な料金体系です。

一般的に、前者を固定料金または基本料金、後者を従量料金、または可変料金とよびます。この料金制度のメリットは、単一料金よりも経済的厚生を高めることができる点にあります。

具体的には、赤字ローカル線の運行に際して、関係する自治体が財政補助を行うことがありますが、これも実際の利用にともなう運賃収入では不足する部分について、利用可能性を有する住民全体が、地域の足を守るために、固定料金を共同で負担するものと考えることができます。

- section 1 　企業におけるプライシング活動の体系
- section 2 　戦略的プライシングの体系
- section 3 　新製品のプライシング
- section 4 　消費者心理を考慮したプライシング
- section 5 　製品ミックスを考慮したプライシング
- section 6 　ブランドとプライシング
- section 7 　小売業のプライシングの体系
- section 8 　Hi-Lo価格政策とEDLP政策①
- section 9 　Hi-Lo価格政策とEDLP政策②
- section 10　建値制とオープン価格制
- section 11　グローバリゼーションとプライシング①
- section 12　グローバリゼーションとプライシング②
- section 13　グローバリゼーションとプライシング③
- section 14　企業の収益構造とプライシング（自動車）
- section 15　企業の収益構造とプライシング（医薬品）
- section 16　企業の収益構造とプライシング（家電）
- section 17　企業の収益構造とプライシング（小売業）

PART 4

企業における
プライシング活動の実際

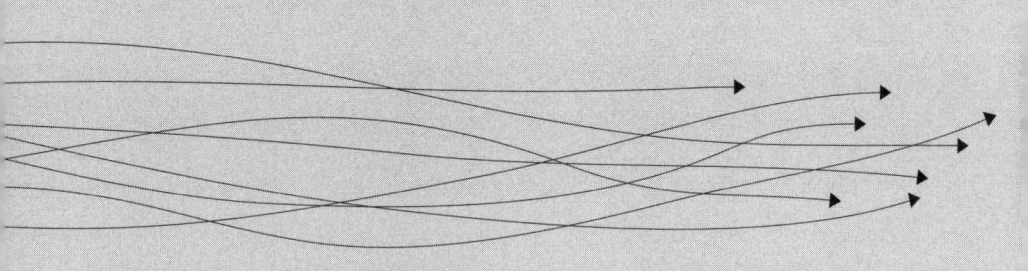

新製品に最適な価格設定は、高い価格設定か？
低い価格設定か？"松・竹・梅"の価格設定とは？
従来のコスト志向型プライシングの限界とは？
実際に企業が採用している
さまざまなプライシングを把握する

section 1　企業におけるプライシング活動の実際

企業におけるプライシング活動の体系

　みなさんの普段の何気ない買物で目にする商品価格の背後には、企業のさまざまな仕掛けや工夫が潜んでいます。商品には、安いと売れる商品だけではなく、高くないと売れない商品もあります。企業は、経営に必要な利益を確保し、かつ消費者に受け入れられる価格を模索し、企業にとっても消費者にとっても適正な「適正価格」を商品につけて販売します。

　企業のマーケティング活動のうち、価格設定（プライシング）は、利益を生み出す唯一の要素です。企業は商品の特性、消費者、競合他社の動向などを把握し、複雑なパズルを組み立てるように価格を決定しています。

　PART4では、基本的なプライシング手法を取り上げ、企業が実践しているプライシングを紹介します。

(1) 価格の決定の基礎

　適正価格は、安すぎて損失が出る価格と、高すぎて消費者が購入しない価格の間で決定されます。

　一般的に、安すぎて損失がでる価格は、メーカーなら製造や販売にかかるコスト、小売業ならメーカーや卸売業から仕入れた仕入価格です。高すぎて消費者が購入しない価格は、消費者の需要が上限となり、競合他社の価格に対する意識も必要です。

　プライシングでは、「コスト」「需要」「競争」の3つの要因を価格決定要因の基礎としています。

①コスト志向型プライシング

　コストを考慮したプライシングでは、製造原価に企業の儲けである一定のマージンを加算して、価格を決定します。これはコスト・プラス法とも呼ばれ、自動車メーカーや家電メーカーで採用されています。スーパーマーケットやコンビニエンスストアなどの小売業では、マーク・アップ法と呼ばれています。小売業では、製造原価ではなく、仕入原価に値入額（値入額）が加算されます。

②需要志向型プライシング

　消費者の需要動向を考慮したプライシングでは、消費者が「この値段だったら買ってもいい」という知覚価値に基づいて、価格を決定します。売り手である企業のコストではなく、消費者の商品への知覚価値をプライシングの基準としています。

③競争志向型プライシング

　競合他社の価格を考慮したプライシングです。競合他社の類似商品を基準として、価格を決定します。企業間の製造技術や販売力の差が小さくなっている現代では、リスクの少ない方法といえるでしょう。

(2) 新製品のプライシング

　プライシングは、製品ライフサイクルのステージによって変化します。導入段階の新製品は、製品特性を踏まえたプライシングが必要です。企業が採用する戦略により、次の2つに大別されます。

①スキミング・プライシング（上澄み吸収価格設定）

　スキミング・プライシングは、製品開発に費やした資金の早期回収を目的としています。企業は新製品に高価格を設定し、短期間のうちに製品開発コストを回収します。

　新製品が差別化されており、競合企業が早期に模倣品を開発して、市場に参入しにくいことが必要です。技術的に高度で、品質やイメージが

優れた新製品に適しています。需要の価格弾力性が小さく、価格の変化により需要が変化しにくい製品ともいえるでしょう。

②ペネトレーション・プライシング（市場浸透価格設定）

　ペネトレーション・プライシングは、早期に大きな市場シェアを獲得した後、製品の大量生産による規模の経済性の効果で、製品の単位当たりコスト低下による資金回収を目的としています。競合企業に模倣されやすく、潜在的な需要が大きい新製品に適しています。需要の価格弾力性が大きく、低価格化によって大きな需要が生み出される製品ともいえるでしょう。

(3) 価格設定のテクニック

　企業は「コスト」「需要」「競争」を考慮した価格決定の後、多数の消費者に、商品を購入してもらえるような仕掛けや、利益を獲得するために、他の製品とのセット価格を導入しています。

①顧客心理を考慮したプライシング

　消費者の心理に働きかけて、購入を促進させるプライシングです。顧客心理を考慮した価格には端数価格、名声価格、慣習価格があります。

②製品ミックスを考慮したプライシング

　複数の製品を販売している企業が、それぞれの製品の組み合わせ（製品ミックス）利益を最大化させるプライシングです。

　企業は、製品ミックス全体の利益を最大化するように「セット価格」を設定します。プライス・ライニング、抱き合わせ価格、キャプティブ価格などがあります。

　企業のプライシングには、さまざまなアプローチがあります。section2では、具体的なプライシングについて詳しく紹介します。

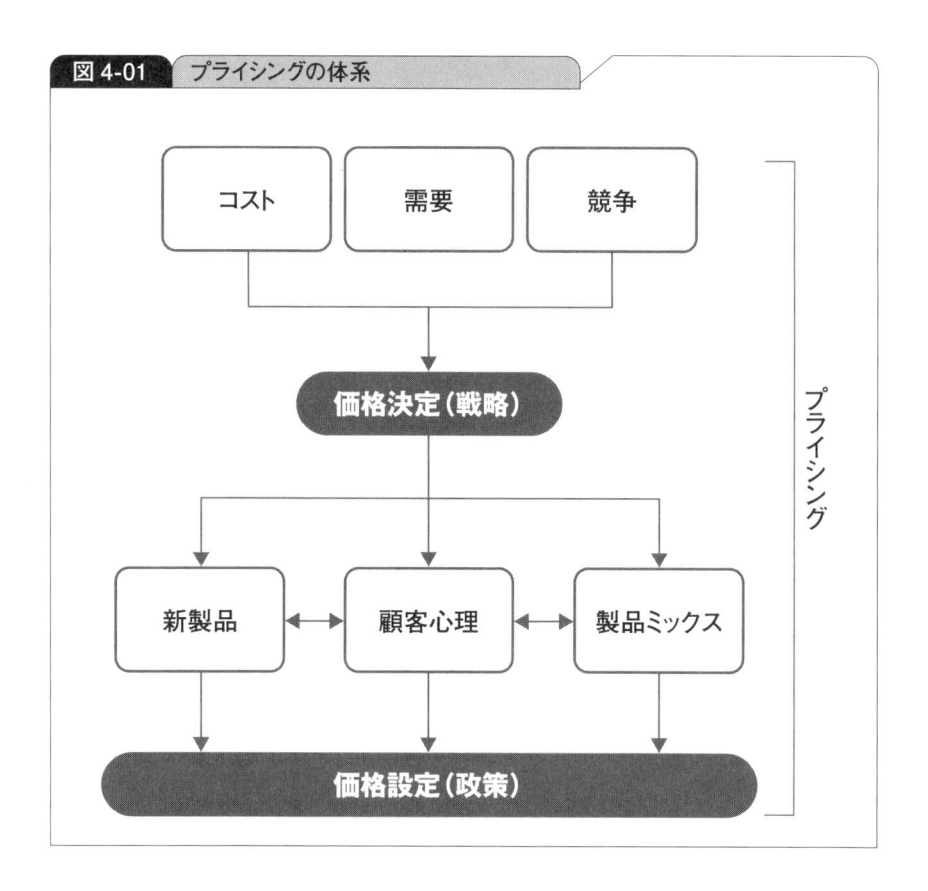

図 4-01 プライシングの体系

```
    コスト    需要    競争
       ↓       ↓       ↓
       価格決定（戦略）
        ↓      ↓      ↓
    新製品 ⇔ 顧客心理 ⇔ 製品ミックス
        ↓      ↓      ↓
       価格設定（政策）
```

（全体：プライシング）

section 2　企業におけるプライシング活動の実際

戦略的プライシングの体系

　家電メーカーで、新しい冷蔵庫が開発されました。もしあなたが、新製品の冷蔵庫のプライシングを担当するとしたら、どのような基準でプライシングを考えますか。

　プライシングの最初のステップで、section1では「コスト」「需要」「競争」の3つの視点を紹介しました。「コスト」は、企業にとって利益（収益）に直接影響を与える内部要因です。「需要」「競争」は、消費者や競合他社などの動向を考慮する外部要因です。この内部要因と外部要因を総合的に考慮したプライシングを、「戦略的プライシング」といいます。section2では、「コスト」「需要」「競争」志向型のプライシングについてそれぞれ紹介し、戦略的プライシングを体系づけます。

(1) コスト・プラス法とマーク・アップ法

　コスト志向型プライシングでは、製品の開発・製造にかかった費用（コスト）や商品の仕入価格を基準にプライシングします。代表的な手法が、コスト・プラス法です。コスト・プラス法では、製品の開発・製造にかかったコスト回収と、企業の利益獲得を目的としています。

　コスト・プラス法は、製品にかかったコストに一定の利幅（マージン）をプラスして価格を決定する方法です。

　コスト・プラス法で新製品の冷蔵庫のプライシングを考えてみましょう。冷蔵庫の開発・製造費用に、会社が獲得したいマージンを加えて販売価格を決定します。

　コストに加えるマージンは、企業の予算、業界の慣習、個人の経験や

勘に基づいて決定されます。スーパーマーケットやコンビニエンスストアなどの小売業で用いられるマーク・アップ法も同様です。

(2) コスト・プラス法の問題点

コスト・プラス法は、迅速で容易なプライシングと利益計算がしやすいため、多くの企業で使われています。迅速で容易な反面、次のような問題点が指摘されています。

> - 消費者の価格感度（価格の高低への反応）をほとんど無視している
> - 製品の競争状況を的確に反映していない

近年、製品の情報量の増加により、消費者の目が厳しくなっています。そのため、消費者の価格感度をほとんど無視したプライシングでは、市

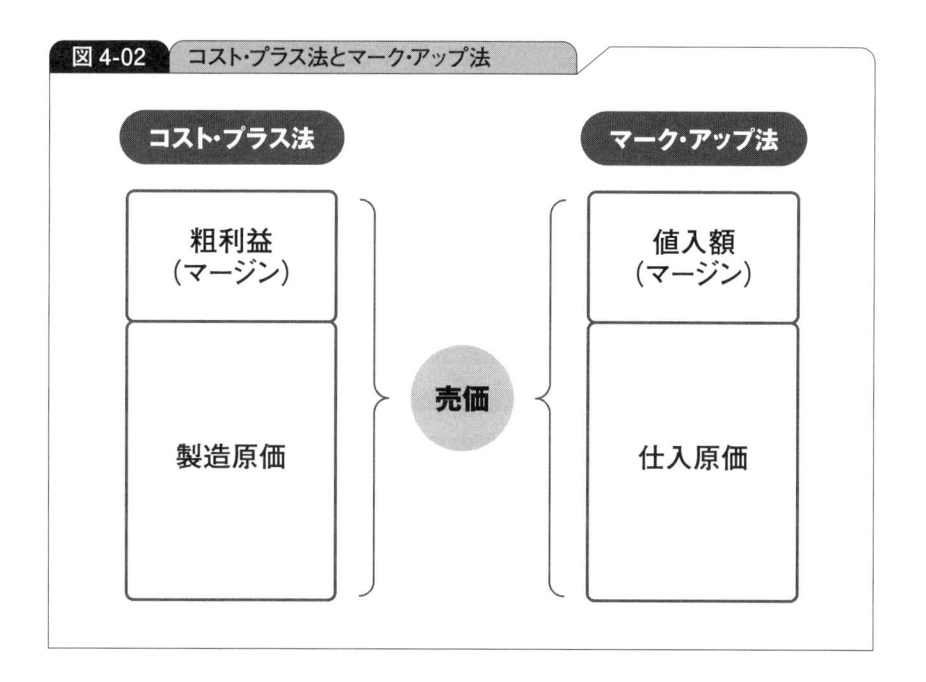

図 4-02　コスト・プラス法とマーク・アップ法

コスト・プラス法
- 粗利益（マージン）
- 製造原価

売価

マーク・アップ法
- 値入額（マージン）
- 仕入原価

場に受け入れてもらうことは困難です。

　自社のブランド力や市場の競争状況を的確に反映していないプライシングは、顧客の離反による販売不振を招いて、低価格化を進行させ、企業を疲弊させます。

　負の連鎖には、ファーストリテイリング（ユニクロ）と良品計画（無印良品）の事例があります。

　当初、ユニクロは、製造システムの変革による低コスト化を実現し、低価格販売を可能にしました。

　ユニクロによる低価格販売のプレッシャーを受けて、2000年から2001年にかけて無印良品は、カジュアル衣料品を中心に異例の価格引下げを実施し、ユニクロと同レベルの価格帯に変更しました。

　無印良品は、紳士シャツを3,900円から2,900円へ値下げして販売数量の増大を図りました。しかし、販売数量は伸びたものの1,000円の値下げ分をカバーすることができず、2002年2月期において衣料雑貨の売上は10%のマイナスになりました。

　無印良品は、プライシング時点の予想ほど需要の価格弾力性は高くなく、値下げの販売単価の減少分を補う販売数量を確保することができませんでした。

　さらに断続的な値下げにより、無印ブランドを支持していた従来の顧客に対するブランド・イメージの希薄化まで招き、「無印離れ」を起こす結果となりました。

　単純なコスト・プラス法のような価格決定方法は、「戦略なきプライシング」と呼ばれています。

(3) 需要志向型プライシング
①消費者の価値に基づくプライシング
　売り手である供給側のコストではなく、買い手である需要側の価値の

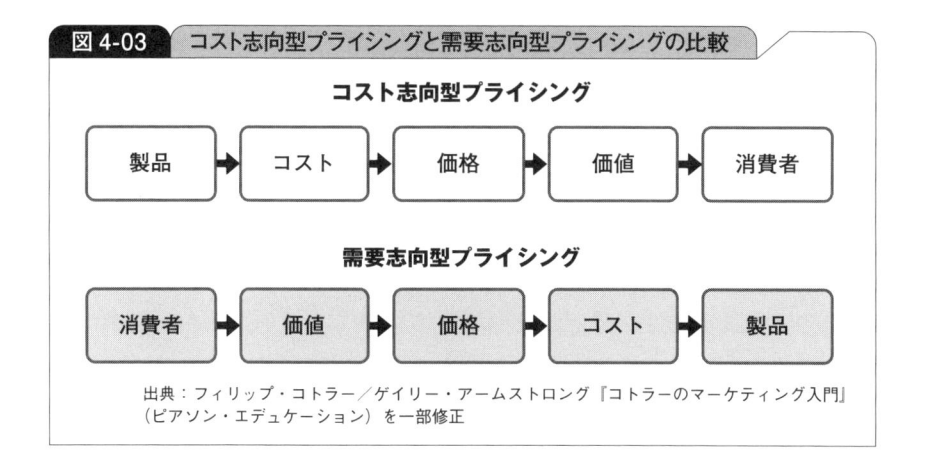

図 4-03 コスト志向型プライシングと需要志向型プライシングの比較

コスト志向型プライシング

製品 → コスト → 価格 → 価値 → 消費者

需要志向型プライシング

消費者 → 価値 → 価格 → コスト → 製品

出典：フィリップ・コトラー／ゲイリー・アームストロング『コトラーのマーケティング入門』（ピアソン・エデュケーション）を一部修正

認識に基づいて価格を決定する方法です。需要に基づいた価格決定は、商品に消費者がどれだけの価値を見出し、どれだけの需要が生じるかを基準としています。需要志向型プライシングでは、消費者に受け入れられる価格の決定が先で、コスト計算や利益計算が後になります。

需要志向型プライシングでは、買い手の消費者を理解し、消費者が商品に対して感じる「価値」を認識することが不可欠です。

②需要志向型プライシングにおける価値

消費者が商品に対して感じる「価値」とは、何でしょうか。一般的に「価値」とは、消費者が製品から受け取る満足感です。この満足感を、「使用価値」や製品から得られる「効用」といいます。

需要志向型プライシングにおける「価値」とは、「使用価値」ではなく、消費者からみた適正価格に対応する、ある商品に対して顧客が適正と認める価値で、経済価値や顧客価値（カスタマー・バリュー）を指します。

(4) 競争志向型プライシング

競争志向型プライシングは、競合他社と価格競争を考慮したプライシ

ングで、家電メーカーやビール業界で採用されています。

家電量販店の「他店より高い場合は値下げします」という方針も、競争志向型プライシングの一形態です。

競争志向型プライシングには、実勢価格設定法と入札型価格設定法があります。

①実勢価格設定法

実勢価格設定法は、競合他社や業界のプライスリーダーの価格を念頭において、自社の価格設定を行う方法です。消費者が、類似製品の競合他社価格を参考にして製品の価値を判断する傾向が強い製品には有効な価格設定法です。家電製品など低価格化競争が激しい製品や消費者が価格差に敏感に反応する製品でよくみられます。需要の価格弾力性が大きい製品ともいえます。

企業は、競合他社の製品価格を基準に競合他社と同じ、あるいは低く、自社の製品をプライシングします。

鉄鋼や紙などの必需品を販売する寡占業界では、競合他社と同一価格に設定します。

中小企業はプライスリーダー企業に従う場合が多く、自社の需要やコストが変化したときではなく、プライスリーダー企業の価格変更にならって自社の価格を変更します。企業によって多少価格の高低はありますが、その差額は常に一定に保たれています。

②入札型価格設定法

請負契約による受注を入札で決定する際に、入札参加企業が採用する方法です。この手法は一般的に、生産財の分野で用いられています。

複数の企業が文書で発注元に価格を提示するため、自社のコストや需要ではなく、入札する競合他社のプライシングを予測し、それに基づいて入札価格を設定します。

契約を勝ち取ることが企業の目的であり、競合他社よりも低いプライ

シングが必要です。

しかし、ある水準以下のプライシングはできません。コスト以下のプライシングは、自社の利益を損なうことになるからです。コストに対して価格の設定が高ければ高いほど、契約を獲得するチャンスは減少します。

(5) 戦略的プライシング

戦略的プライシングとは、コスト、消費者、競合の3つの視点のコーディネートにより、多くの利益が獲得できる価格を決定することです。

適切なコストの認識は、製品の効果的な価格決定の第一段階です。価格変更が販売にどれだけの影響を与えるか、消費者が価格変更をどのように受け止める傾向にあるか、競合が価格変更をどのように受け止めるかを理解する必要があります。

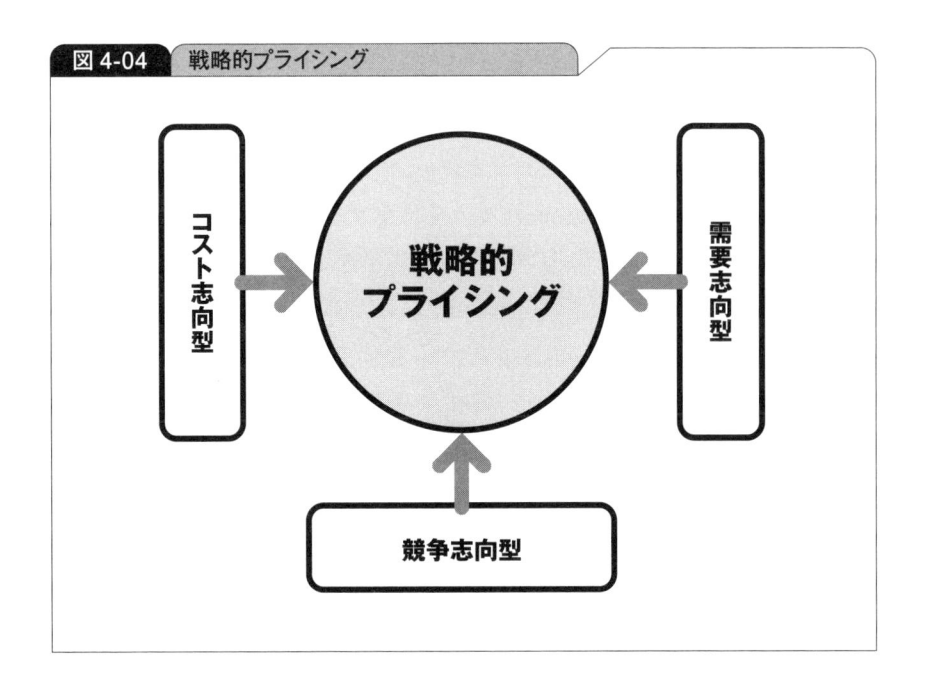

図 4-04　戦略的プライシング

- コスト志向型 → 戦略的プライシング ← 需要志向型
- 競争志向型 ↑

section 3　企業におけるプライシング活動の実際

新製品のプライシング

　家電量販店へ買物に行くと、新製品を見かけます。デジタル家電では、毎月のように新製品が発売されています。
　新製品の価格は、発売当初は高めですが、競合他社のメーカーが類似製品を販売すると、価格はすぐに下がります。
　プラズマテレビに代表される薄型テレビやブルーレイ・ディスクで、そのような傾向がみられます。
　他社が真似をできないような新製品の価格は、なかなか下がりません。著作権に守られているとはいえ、パソコンのソフトウェアはほとんど値下がりしません。企業は新製品に、どのような基準でプライシングしているのでしょうか。

(1) スキミング・プライシングとペネトレーション・プライシング
　あるメーカーで、「3次元が表現できる液晶テレビ」が開発されました。みなさんがプライシングの担当者なら、価格をいくらにしますか。新製品のテレビは、競合他社では販売されていない革新的な製品であるため、開発や生産にかかるコストも非常に高くなりました。
　差別化されている製品の場合、多くの企業はできるだけ高い価格を設定します。この価格設定法を、スキミング・プライシング（上澄み吸収価格設定）といいます。
　任天堂の『Wii』のような、新しい家庭用のゲーム機を発売する場合はどうでしょうか。ゲームソフトのメーカーに、たくさんのソフトを開発してもらうには、市場に広く普及させる必要があります。

市場に広く普及させるためには、新製品でも低価格にして、たくさんの消費者に購入してもらいます。この価格設定法を、ペネトレーション・プライシング（市場浸透価格設定）といいます。

①製品ライフサイクルとスキミング・プライシング

　スキミング・プライスは、新製品の導入時に高い価格を設定し、成長期に移るとともに価格を徐々に低下させ、短期間での開発・製造コスト回収を目的としています。

　先ほどの3次元テレビの例では、高機能のテレビでも、低機能のテレビでも、映る番組はどちらも同じです。しかし、消費者には「3Dの臨場感を家で味わいたい」「高画質でみたい」という、新しい製品は高くても購入したいという革新的な消費者もいます。

　スキミング・プライシングでは、革新的な消費者をターゲットにして、早期に開発・製造コストを回収し、価格を下げながら保守的な消費者を取り込みます。

　プラズマテレビは、発売当初100万円程度の価格でしたが、最近では20万円程度でも購入できるようになり、保守的な消費者にまで浸透しています。

　スキミング・プライシングの成立要件には、下記の3つが挙げられます。

- 新製品の品質とイメージが高価格に見合ったものであること
- 新製品に高い技術や革新的なデザイン性があること
- 競合他社がすぐに真似ができない製品であること

②ペネトレーション・プライシング

　ペネトレーション・プライシングは初期価格を低く設定し、多数の消費者をすばやく引きつけて、大きな市場シェアを獲得することを目的としています。

　ゲーム機で遊ぶ消費者にとって、ゲーム機の機能よりも、たくさんの

魅力あるゲームソフトで遊べるか、が重要です。優れた機能を持ったゲーム機でも、遊べるソフトが少なければ魅力はありません。

　ゲームソフト会社もそのゲーム機の普及率が低ければ、ソフトを販売しても売れないため、ソフトを開発しようとは考えないでしょう。ゲーム機メーカーは広く消費者に普及させるために、導入期の製品価格を低く設定して広く普及させようとします。

　2007年10月末に国内累計販売台数が2000万台を突破した『ニンテンドーDS』と、大ヒットしたソフト「脳を鍛える大人のDSトレーニング」が、その典型的な成功事例です。

　ペネトレーション・プライシングの成立要件には、次の3つが挙げられます。

> - 市場の価格弾力性が高く、価格の引下げにより市場が成長すること
> - 生産コストと流通コストが売上の増加と共に低下すること
> - 低価格設定によって競合他社が参入できないこと

(2) 2つのプライシングがターゲットとする消費者層

　スキミング・プライシングとペネトレーション・プライシングがターゲットとする消費者層について確認しましょう。

　新製品のライフサイクルに合わせて、その製品を購入する時期を基準に消費者を分類することができます。図4-05は、ロジャースの相対的採用時期に基づく採用者の分類です。

　スキミング・プライシングは「革新者」「初期採用者」をターゲットとして、革新者から利益を確保します。ペネトレーション・プライシングは圧倒的な市場シェアを獲得するため、「革新者」「初期採用者」「前期大衆」「後期大衆」までの幅広い層をターゲットとします。

図 4-05　新製品の普及プロセス

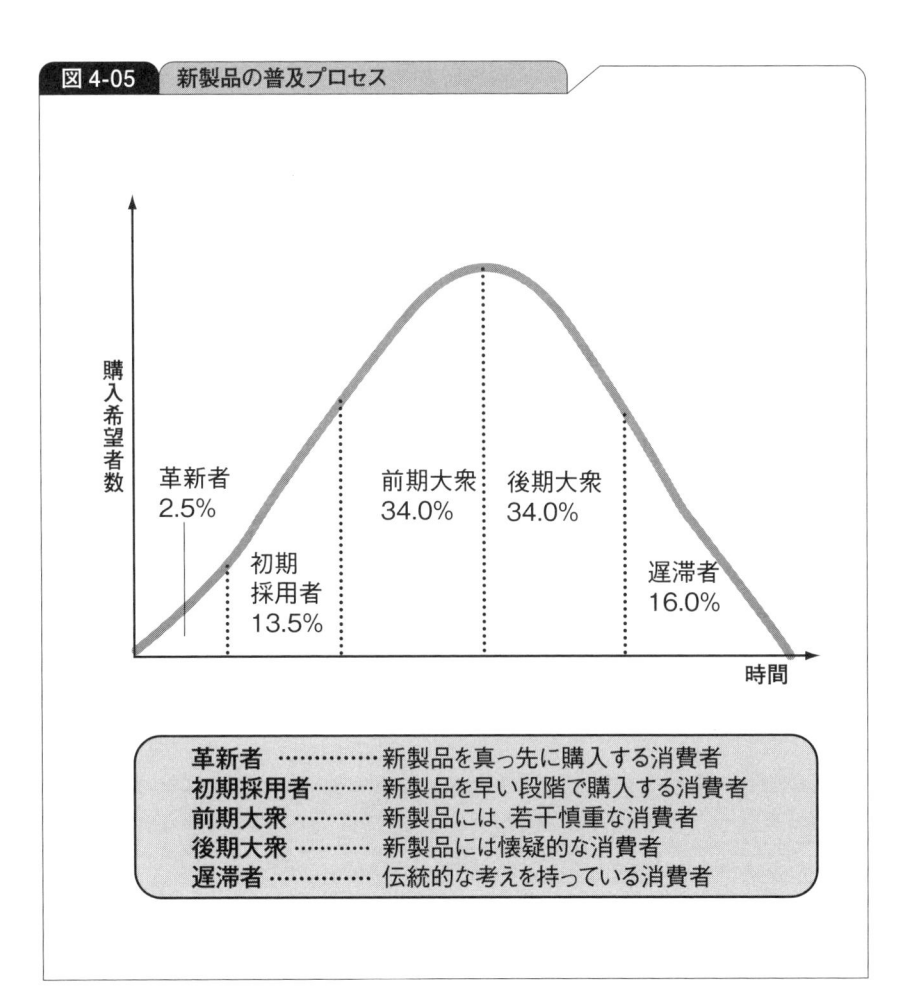

購入希望者数 / 時間

- 革新者 2.5%
- 初期採用者 13.5%
- 前期大衆 34.0%
- 後期大衆 34.0%
- 遅滞者 16.0%

革新者　…………　新製品を真っ先に購入する消費者
初期採用者………　新製品を早い段階で購入する消費者
前期大衆　………　新製品には、若干慎重な消費者
後期大衆　………　新製品には懐疑的な消費者
遅滞者　…………　伝統的な考えを持っている消費者

section 4　企業におけるプライシング活動の実際

消費者心理を考慮したプライシング

　あなたは10万円のワインと1万円のワインでは、どちらがおいしいと思いますか。もちろん、10万円のワインのほうがおいしいと思うでしょう。また、デパートの売場で、10,000円のバッグと9,900円のバッグを比較すると、9,900円のバッグは100円しか安くありませんが、価格差以上に安いと感じることがあります。

　商品そのものではなく、価格によっても消費者が受ける印象は異なります。section4では、消費者心理の効果を利用したプライシングを紹介します。

(1) 参照価格による相対的な価格判断

　商品を購入する際、「これは高い」「これは安い」と思うことがありませんか。なぜ、「高い」「安い」とわかるのでしょうか。それは他店で販売している価格と比較したり、その商品を購入した人に聞くことで、価格の判断基準を持っているからです。

　消費者は、商品の価格を絶対的に評価するのではなく、相対的な価格で判断します。この相対的な価格判断のことを「参照価格」といいます。参照価格は、消費者心理を考慮したプライシングのひとつです。

　あるスーパーが、通常価格500円のインスタントコーヒーを販売するとき、次のようなシナリオを考えました。【シナリオ1】を展開した場合、インスタントコーヒーの売上（販売数量）はどのように推移するでしょうか。

【シナリオ1】：販売時、400円に価格を下げて、しばらくして通常価格の500円に戻す

　値下げにより、当初は販売数量が増加します。しかし、通常価格に変更したとたんに販売数量は急落します。これは、消費者の思考に参照価格が形成されたためです。

　【シナリオ1】では、消費者の思考に形成される参照価格が400円となり、商品に対する消費者の判断基準は400円となります。そのため、通常価格の500円は高いと感じ、「100円損をする」という感覚になります。

　次に【シナリオ2】を考えてみましょう。

【シナリオ2】：通常価格の500円で販売し、セール時に特売価格の400円で販売する。

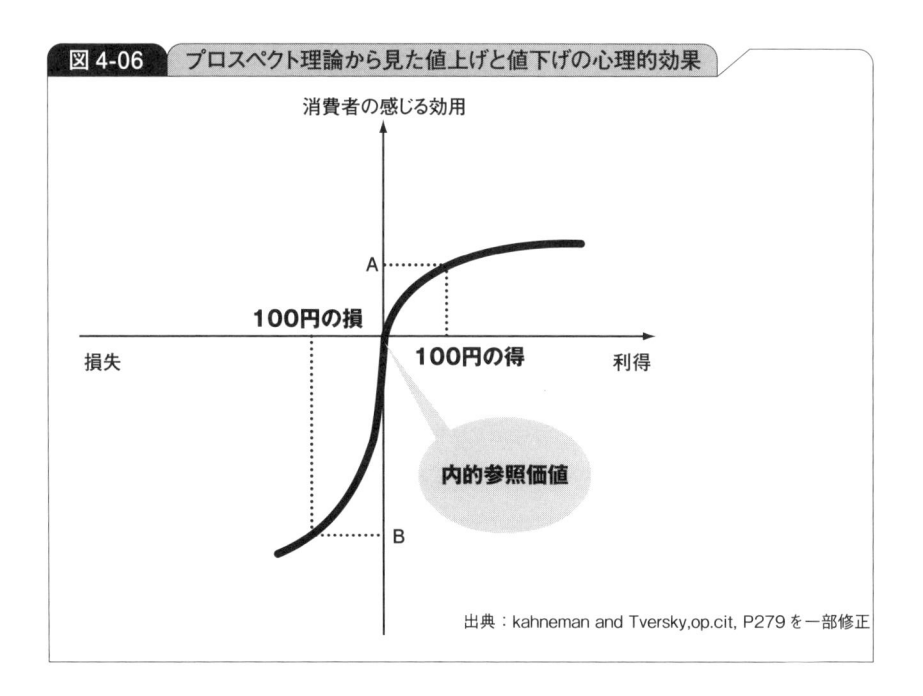

図 4-06　プロスペクト理論から見た値上げと値下げの心理的効果

消費者の感じる効用

100円の損　　100円の得

損失　　　　　　　　　　　　　利得

内的参照価値

出典：kahneman and Tversky,op.cit, P279 を一部修正

PART 4　企業におけるプライシング活動の実際

【シナリオ2】は、販売当初は一定の販売数量で推移します。特売セールで価格が400円になると、販売数量が増加します。これは、通常価格500円が消費者の参照価格として形成され、商品に対する消費者の判断基準は500円となります。そのため、特売価格の400円は安いと感じ、「100円得をする」という感覚になります。

　同じ100円でも、消費者にとってどちらの印象が強いでしょうか。通常の場合、「100円損をする」ほうが印象が強いといわれます。消費者の価格に対する印象を説明した有名な理論が、「プロスペクト理論」です。

　図4-06の縦軸は消費者の感じる効用、横軸の右方向は利得、左方向は損失を表しています。参照価格よりも「100円得をする」とき、縦軸の効用はAという大きさの正の効用、つまり「うれしさ」を表します。それに対して、「100円損をする」とき、Bという大きさの負の効用、つまり「悲しさ」「悔しさ」を表します。AとBの大きさを比べると、「100円損をする」ときのほうが大きいことがわかります。

　消費者は、このように参照価格を内部、外部から形成し、判断基準として「高い」「安い」「得をする」「損をする」という意思決定を行います。

(2) 消費者心理を考慮した価格

　消費者心理を考慮した価格は、参照価格以外にもあります。企業が消費者に商品を受け入れてもらおうという、努力の表れでもあります。代表的なものは次のとおりです。

①端数価格

　端数価格とは、商品の価格を2,000円や300円とするのではなく、1,980円や298円などのように、きりがいい数字の一歩手前の半端な数字で終わる価格です。300円と298円では2円の差しかありませんが、実際の差以上に割安に感じるといわれます。

　300円と298円の2円の価格差以上に、企業の売上は差がつきます。

百貨店やスーパーマーケットでは、多くの商品が端数価格を利用しています。

②名声価格

名声価格は、威光価格、プレミアプライス、象徴価格ともいわれます。価格をあえて高くして、ブランドの地位を高め、消費者が製品を持つことで、社会的ステータスを感じさせるプライシングです。

毛皮、宝石、高級ブランドなど、消費者にとって品質の評価が難しい製品で採用されます。これらの製品は、高い価格をつけることで高品質であるというイメージを与えます。

③慣習価格

慣習価格は、社会慣習から形成された価格が固定的になり、その価格より低く設定しても需要がほとんど変動しない価格設定です。慣習価格よりも高く設定すると需要が減少するため、価格の維持が基本的な戦略となります。慣習価格は、自動販売機のジュースやガムなどにみられる価格設定です。

④ジャストプライス

ジャストプライスは、均一価格ともいわれます。100円ショップなどで使用される方法で、すべての商品の価格を100円にすることで、消費者の支払い計算を簡単にし、安心して商品を購入してもらうことができます。1回当たりの買上点数の増加が期待でき、売上の増加が見込めます。

世の中には、消費者心理を巧みに利用したプライシングが数多く見られます。みなさんが買物に行くと、さまざまなプライシングに気づくでしょう。

上記以外にも、消費者心理に配慮したさまざまな仕掛けがあります。買物の際に注意深くチェックしてみましょう。

section 5　企業におけるプライシング活動の実際

製品ミックスを考慮したプライシング

　百貨店の婦人服売場へ買物に行くと、ブラウスやスカート、ワンピース、そして靴やバッグなどの服飾雑貨まで、さまざまな商品アイテムが販売されています。ブラウスやスカートだけしか販売していない百貨店はありません。また、単一の製品しか供給しない企業は珍しく、多くの企業は複数の製品を取り扱っています。

　複数の製品を取り扱う場合、それぞれの製品の組み合わせ（製品ミックス）を考慮してプライシングを行う必要があります。例えば、ブラウスとスカートをコーディネートしたら、いくらで販売したらよいか、などです。ブラウスとスカートの関係のように、製品ミックスを考慮したプライシングには、どのようなものがあるのでしょうか。

(1) 製品ライン・製品アイテムと製品ミックス

　製品ミックスはプロダクト・ミックスともいわれ、企業が提供している製品ラインと製品アイテムの組み合わせの集合です。

　製品ラインとは、製品の種類や機能、価格帯などによってまとめられるグループです。製品アイテムとは、特定の製品ラインを構成している製品の最小単位のことです。ブラウスとスカートは製品ライン、ブラウスに高価格、中価格、低価格の製品があれば、製品アイテムは3つになります。

　製品ラインの広がりを製品ラインの「幅」といい、各ラインの製品アイテムの多さを製品アイテムの「深さ」といいます。多くの企業は複数の製品を取り扱っており、製品の組み合わせによって、プライシングを

考えます。

(2) 製品ミックスを考慮したプライシングの手法

製品ミックスは、製品ラインと製品アイテムから構成されています。企業はひとつの製品ライン、類似した製品ラインのみを考慮に入れて、プライシングを行うこともあれば、異なる製品ラインを組み合わせてプライシングを行うこともあります。では、実際に採用されているプライシング手法について紹介します。

①プライス・ライニング

シャツやネクタイなどでよく見られる、1,000円、3,000円、10,000円と、何段階かの参照価格で販売する方法です。多品種の商品を販売している場合、個々の商品に2,980円、2,780円、1,980円、1,580円、1,280円などと個別にプライシングせずに、3～5段階の価格帯にまとめて販売します。

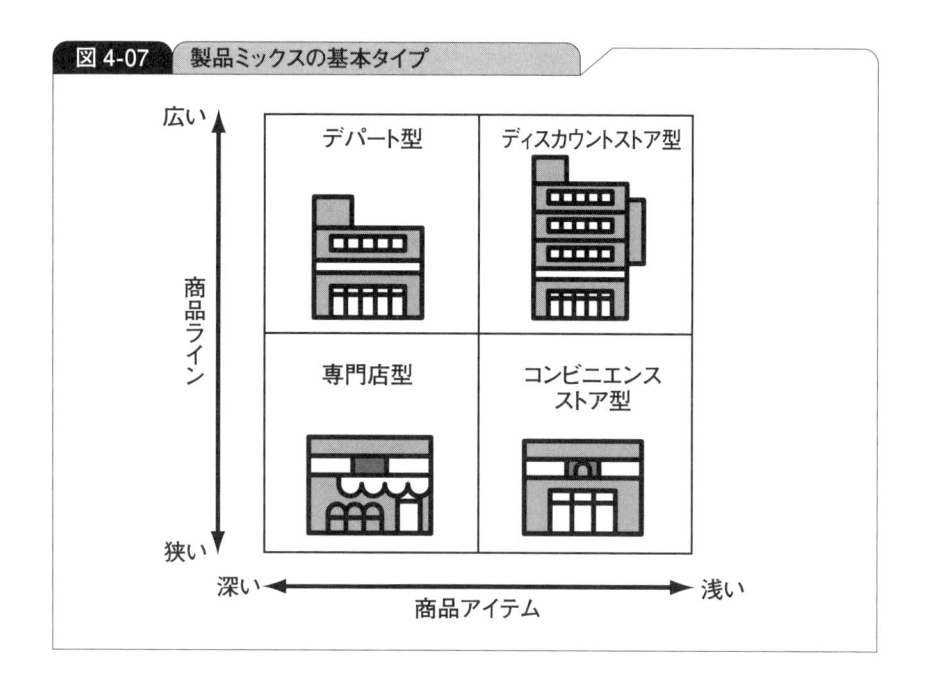

図4-07　製品ミックスの基本タイプ

	深い　商品アイテム　浅い
広い 商品ライン 狭い	デパート型　／　ディスカウントストア型 専門店型　／　コンビニエンスストア型

販売する商品ライン全体で、利益最大化を狙うプライシングに有効です。

　消費者は、価格帯が細かく分かれていると、自分自身の価値判断と合致した価格帯の商品を容易に選択できる一方、実勢価格がわからない場合は、選択が難しくなります。

　複数のプライスラインに分かれていれば、消費者は自分が望むプライスラインの商品を選びやすくなります。

　寿司屋などで昔から使われていた"松・竹・梅"も、プライス・ライニングです。回転寿司の皿の色による分類も同様です。プライス・ライニングは小売業だけでなく、飲食業でも広く採用されています。

② 抱き合わせ価格

　パソコンショップでは、デジタルカメラやプリンタ、プロバイダ契約、ソフトウェアなど、さまざまな製品がセットで販売されています。このように、複数の製品やサービスを組み合わせてセット価格を設定することを、抱き合わせ価格（セット価格）といいます。

　セットする製品は相互に補完性が強く、カミソリの場合には、プレシェーブや替え刃がセットになっています。プライシングは、消費者が製品のセットを購入する気になる程度の安い価格にします。

　消費者はセットにより、どの製品がどれだけ安くしてあるかがわかりません。抱き合わせ価格は、製品単体の値頃感を低下させる危険性が低いというメリットがあります。

③ キャプティブ価格

　キャプティブとは、「虜（とりこ）」を意味しています。企業は本体となる製品と、本体が定期的に必要とする消耗品がある場合、本体を低価格で販売し、本体を購入後に必要となる消耗品を比較的高価格で販売します。本体の販売のみではなく、消耗品の販売を含めた全体で利益を得ようとします。

　これには、カミソリの刃やプリンタのインクカートリッジ、コピー機

のメンテナンス料などがあります。

　キャプティブ価格の成功事例として、キングジムのラベル・ワープロ「テプラ」があります。「テプラ」は1988年に発売され、当時としては画期的な製品であるにもかかわらず、一号機の本体標準小売価格が16,800円という市場浸透価格で販売されました。テープ・カートリッジは7.7m当たり1,400円とし、低価格であまり利益が出ない本体の売上を補完する価格が設定されました。「テプラ」は当初想定した利用範囲を大幅に上回って利用され、テープ・カートリッジの売上は、同社の関連商品売上の約7割を占めているといわれています。

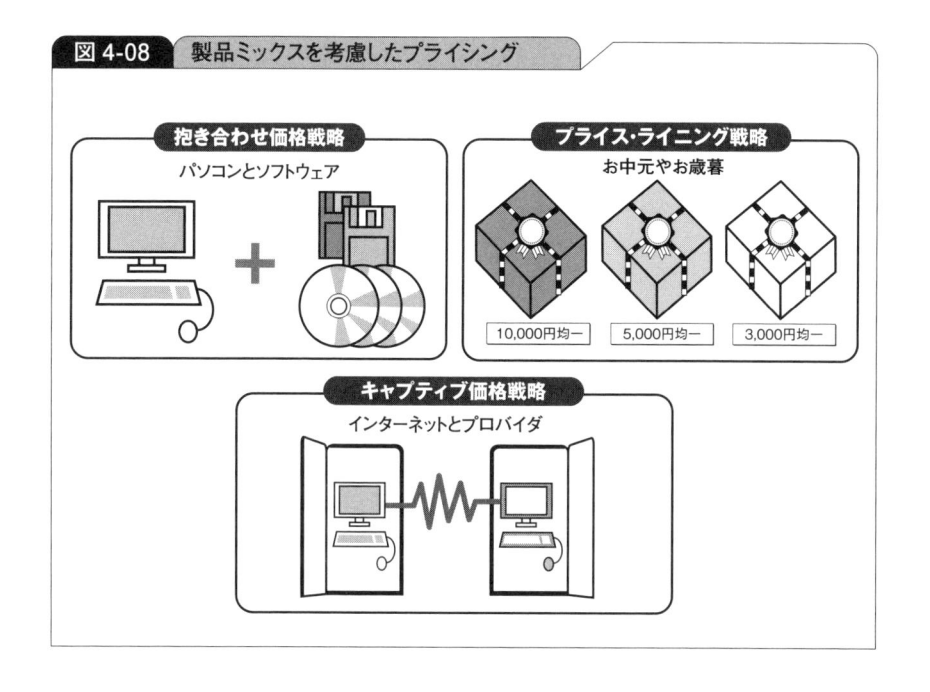

図 4-08　製品ミックスを考慮したプライシング

抱き合わせ価格戦略
パソコンとソフトウェア

プライス・ライニング戦略
お中元やお歳暮
10,000円均一　5,000円均一　3,000円均一

キャプティブ価格戦略
インターネットとプロバイダ

section 6　企業におけるプライシング活動の実際
ブランドとプライシング

　みなさんは、あるブランド品の価格をみて、そのブランドが「高級だ」と思ったことはありませんか。また、あるブランドをみて、おおよその価格イメージを思い浮かべたことはないでしょうか。

　ブランドと価格は密接に関わっています。トヨタ自動車の『クラウン』と聞くと高級車、『カローラ』と聞くと大衆車というイメージが思い浮かびます。『ルイ・ヴィトン』のバッグと聞いても、『クラウン』と同じように高級なイメージを想像するでしょう。

　価格はブランド価値に大きく左右されます。裏返せば、高いブランド価値は、プライシングの自由度を高めます。section6では、ブランドとプライシングの関係について紹介します。

(1) ブランドの価値とは

　『ルイ・ヴィトン』や『エルメス』のバッグのような高級ブランドは、価格が高くても消費者、特に女性に購入されています。女性はどのような心理で高いバッグを買うのでしょうか。

　購入の際には、『ルイ・ヴィトン』のブランドバッグを持っているというステータスを得て、他人に見てもらいたいという心理が働きます。もし、『ルイ・ヴィトン』のバッグとほぼ同じデザイン、カラーのバッグがあったとしても、『ルイ・ヴィトン』のブランドネームがついていなければ、同じ価格では購入されないでしょう。

　消費者は、あるブランドを他のブランドとは異なるものと識別し、品質・性能から信頼性を獲得し、最後に愛着を得て、ブランド・ロイヤ

ティを形成します。このプロセスは、ブランドの価値構造と対応しています。

ブランドの価値構造には、①基本的価値、②機能的価値、③情緒的価値、④自己表現価値があります。①基本的価値は、ブランドが持つ最も基本的な役割の価値のことで、花王の『メリット・シャンプー』の基本的価値は「洗髪」、②機能的価値は差別的な役割の価値、つまり「フケ、カユミ防止」です。③情緒的価値は「使用後の爽快感・さっぱり感」といった感覚的な価値、④自己表現価値は、他人の目を気にした価値です。メリットでは「身だしなみ」となります。

自己表現価値が高い製品を「プレステージ・ブランド」といい、基本的価値が高い製品を「日用品ブランド」といいます。

図4-09のように、「プレステージ・ブランド」は自己表現価値が最も大きく、重要です。それに対して、「日用品ブランド」は基本的価値が最も大きく重要です。

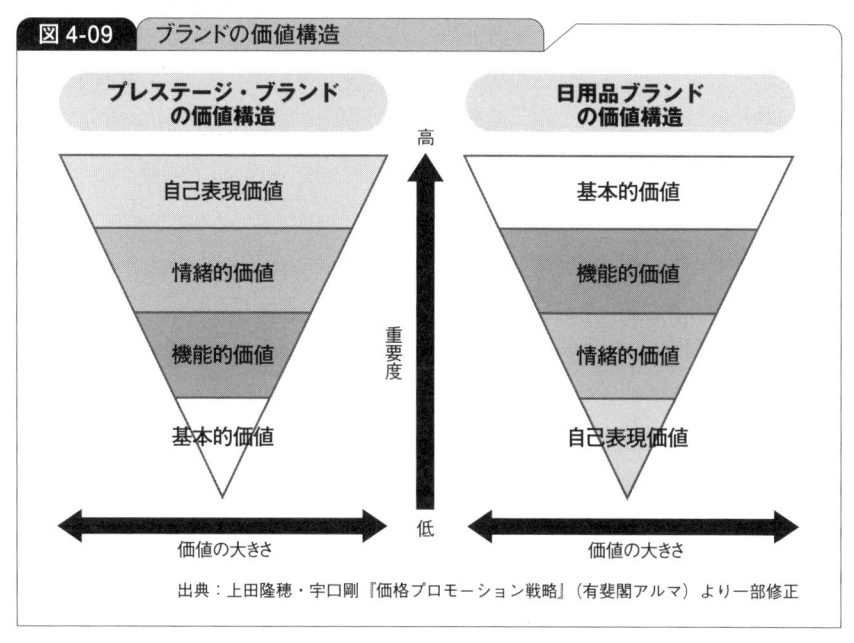

図 4-09　ブランドの価値構造

プレステージ・ブランドの価値構造（上から）：自己表現価値／情緒的価値／機能的価値／基本的価値

日用品ブランドの価値構造（上から）：基本的価値／機能的価値／情緒的価値／自己表現価値

縦軸：重要度（高～低）　横軸：価値の大きさ

出典：上田隆穂・宇口剛『価格プロモーション戦略』（有斐閣アルマ）より一部修正

企業は「プレステージ・ブランド」の開発により、高い価格をつけ、高い価格でも消費者に受け入れてもらい、安定的な収益の確保を図りたいと考えます。

(2)「高く売る」ブランドのリポジショニング

　日用品ブランドの価格戦略には、次の2つがあります。ひとつは、価格競争に勝ち抜くための低コスト化、もうひとつは、価格競争を避けて消費者に高価格を受け入れてもらうプレステージ・ブランドへの移行です。

　プレステージ・ブランドへ移行した事例を紹介します。

　ドトール・コーヒーに代表されるセルフサービス・コーヒーは、基本的に低価格の日用品ブランドとして位置づけられていました。一般的な喫茶店よりも安い一杯180円という価格で、おいしいコーヒーを提供す

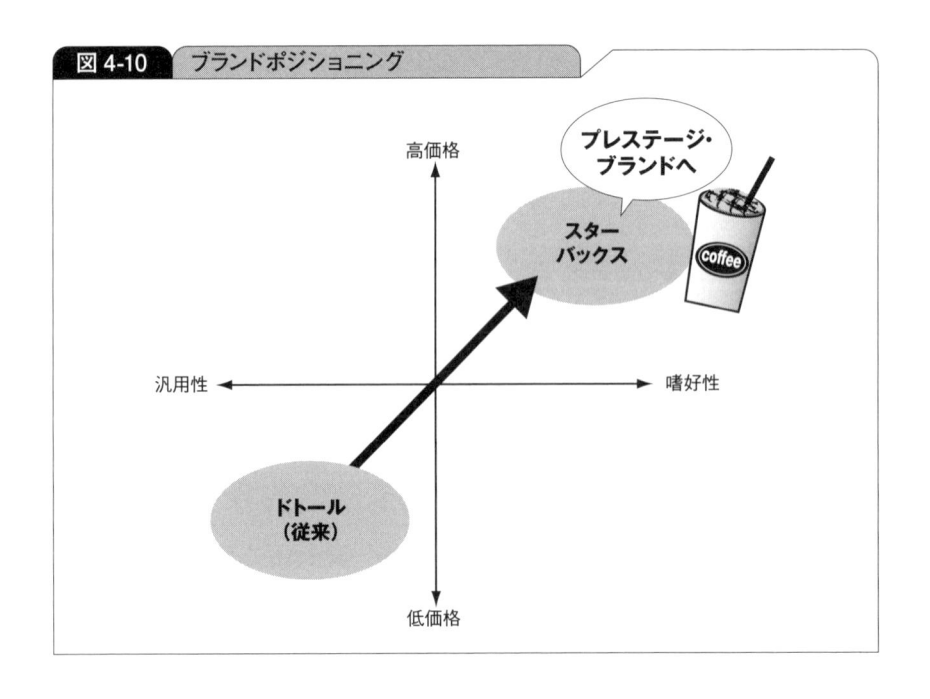

図 4-10　ブランドポジショニング

るというコンセプトの下で圧倒的な勢いで多店舗出店を達成しました。

　ところが、1996年8月のスターバックス・コーヒー1号店（東京・銀座）の開店以来、市場の状況は一変しました。従来価格を上回る、一杯250円という高価格を提示したのです。これまでのコーヒーの品質を大きく超えた、上質のコーヒー豆を使用し、顧客の好みにきめ細かく応えました。　さらに、家庭でも職場や学校でも得られない「第3の場」として、くつろぎなどを顧客に提供する価値として、スターバックス・コーヒーは瞬く間に強力なブランドを構築しました。

　スターバックス・コーヒーは、日本市場への参入では後発ですが、市場価格を上回る高価格を提示し、参入から3年半の2000年2月に100店舗を突破しました。ドトール・コーヒーがこれに対抗して、同価格帯のエクセシオール・カフェを開業させるまでに至ったのです。

　スターバックス・コーヒーのような強気のプライシングには、売れる価格の見極めを誤り、販売不振に陥るリスクもあります。

　ファミリーレストランのデニーズは、競合他社の低価格化が進行する中、中高価格帯を維持していたため、苦戦を強いられました。その後、値下げしましたが、中高価格帯のイメージを払拭できず、業績は低迷しています。

　ブランドとプライシングの関係をみると、高いブランド価値はプライシングの自由度を高め、高価格でも顧客に受け入れてもらうことが可能です。企業は高価格を顧客に受け入れてもらうことで、ブランドの差別化を図り、競合他社との不毛な価格競争を避けることができます。

　「高い価格を消費者が受け入れる」ためには、顧客のブランド・ロイヤルティを高め、ブランド価値と顧客の生涯価値の最大化を図る努力をしなければなりません。

section 7　企業におけるプライシング活動の実際

小売業のプライシングの体系

　スーパーマーケットへ買物に行くと、端数価格やポイント、セット価格、特売セールなど、さまざまなプライシングが見られます。小売業では、今まで説明してきた価格設定方法を駆使して、消費者の購買意欲を駆り立てるような工夫をしています。

　百貨店やコンビニエンスストアの定価販売に対して、スーパーマーケットは値引き販売が多いなど、業態により価格設定は異なります。高級ブティックのように高価格プライシングの店舗もあれば、ユニクロのように低価格プライシングの店舗もあります。

　section7では、みなさんの身近にある小売業のプライシングについて紹介します。

(1) 小売業の価格戦略

　衣料品専門店は、高価格の服を扱っている店もあれば、低価格の服を扱っている店もあります。商品価格の決定、すなわち高価格戦略・中価格戦略・低価格戦略のどれを採用するかは店の経営方針や経営戦略によって異なります。

　消費者は価値のある商品にお金を払います。一方、価値がない商品には、お金を払いません。小売業は消費者に、価値のある商品・サービスを提供し続けなければなりません。

　"価値"とは何でしょうか。価値とは効用を価格で除した結果と考えます。一方、効用とは、消費者が感じる利便性の総称です。効用には、サービス、品質、ブランド力、ロイヤルティなどを含みます。小売業が価値

を上げるための価格戦略には、2つあります。

> V（価値）＝U（効用）／P（価格）

① 低価格戦略

　低価格戦略とは、効用が一定として、価格の安い商品・サービスを提供する戦略です。低価格戦略を成功に導くには、一定以上の企業規模が必要です。これは大手企業なら可能ですが、中小企業には難しい戦略です。

　低価格にすると利益が減少し、経営が厳しくなるからです。低価格戦略の成功には、低価格戦略を支える仕組みづくりが不可欠です。

> V（価値）【↑】＝U（効用）【→】／P（価格）【↓】

　世界最大の小売業ウォルマートがEDLP（エブリディ・ロープライス）を継続できるのは、規模の経済性を発揮して経費率を19％台（2009年3月期）で維持するEDLC（エブリディ・ローコスト）を、仕組みとして構築しているからです。

② 高効用戦略

　価格が一定とし、効用を上げることで価値を向上させる戦略です。効用の向上のためには他社の真似ではなく、企業独自に効用を創造し、独自性を発揮しなければなりません。

> V（価値）【↑】＝U（効用）【↑】／P（価格）【→】

　山形のある電器店は、大手量販店が行っていない「ビフォアサービス」を導入して、顧客の圧倒的な支持を得ています。ビフォアサービスとは、家電製品を買う前のお試しサービスのことで、ワインや地酒の試飲サービスに似ています。ビフォアサービス体験者の購入確率は、80％に達しています。低価格戦略が難しい中小企業が採用すべき戦略です。

(2) 小売業の価格政策

　小売業の価格戦略では、どのような価格政策が採用されているのでしょうか。高効用戦略を採用している小売業は、競合他社との商品・サービスの差別化が重視されるため、定常価格政策が採用されています。商品の販売価格を、市場における上限価格か、それに近い価格に設定し、価格を維持する方法です。

　これは、利便性を提供する、コンビニエンスストアで採用されています。大手のスーパーマーケットのように低価格戦略を採用する小売業は、価格が消費者への訴求ポイントとなるため、さまざまな価格政策がみられます。

　低価格戦略を採用する小売業の価格政策は、①Hi-Lo価格政策、②EDLP政策、③顧客識別価格に分類されます。

①Hi-Lo価格政策

　Hi-Lo価格政策は、多くのスーパーマーケットやドラッグストアで採用されています。よくチラシで目にする「特売」です。低価格商品を目玉商品（ロス・リーダー）として、購入目当てに来店した消費者が、他の高利益商品も買ってくれることを目的としています。

　消費者の買上点数の向上を図り、売上の増加へとつなげる価格政策で、1人の顧客が、一度に多くの商品を購入するような店舗で効果を発揮します。商品アイテムの幅が狭い小規模の店舗や専門店では、あまり採用されません。

②EDLP政策

　EDLP政策とは、「エブリディ・ロープライス」、すなわち「毎日が安売り」という価格政策です。アメリカのウォルマートが採用した価格政策です。

　EDLP政策の店舗では、ほとんどの商品が毎日同一の低価格で販売されています。これによって、価格変動によるプライスカードの張り替え

など、オペレーションコストの削減が可能です。

低価格を訴求ポイントとするため、店舗設備やサービスにコストをかける必要性が少なくなり、ローコスト・オペレーションを実現し、低価格販売が可能となります。

③顧客識別価格

顧客識別価格とは、顧客の囲い込みを目的として、顧客の購買金額や来店頻度に応じて提供する価格を変える方法です。割引やポイントなどがあります。

顧客識別価格は、FSP（フリークエント・ショッパーズ・プログラム）のひとつとして挙げられます。購入頻度の高い優良顧客を識別し、割引やポイントなどの優先的なサービスの提供で、長期的な顧客ロイヤルティを高め、顧客の固定化を目的としています。

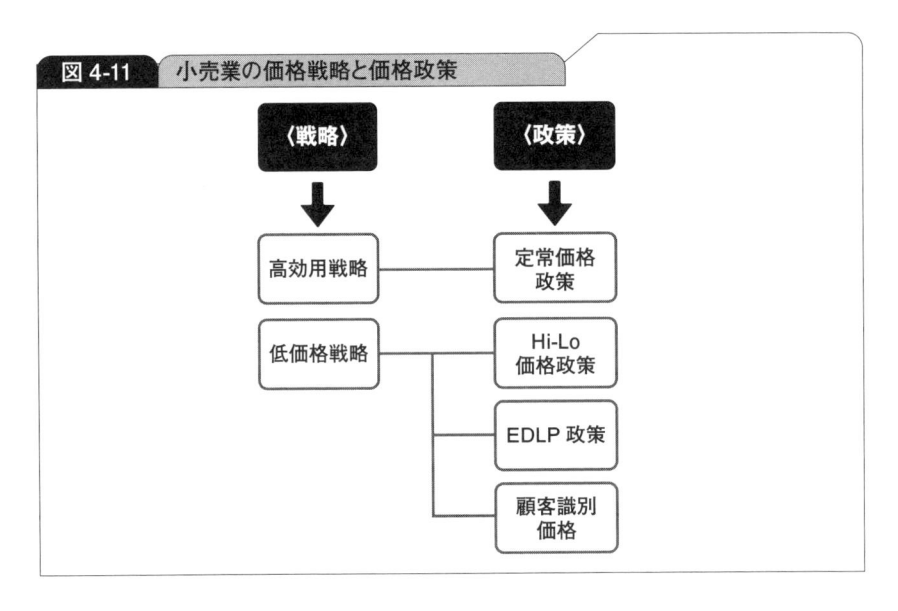

図 4-11　小売業の価格戦略と価格政策

〈戦略〉
- 高効用戦略
- 低価格戦略

〈政策〉
- 定常価格政策
- Hi-Lo 価格政策
- EDLP 政策
- 顧客識別価格

section 8　企業におけるプライシング活動の実際

Hi-Lo 価格政策と EDLP 政策①

　Hi-Lo価格政策は、多くのスーパーマーケットで採用されている価格政策です。買物に行くと、商品の特売や値引きセールをよく見かけます。
　EDLP政策は、まとめ買いが少なく、特売などのイベントで購買が左右されるわが国では受け入れられにくいようです。
　section8では、小売業の低価格戦略に代表されるHi-Lo価格政策と、EDLP政策について紹介します。

(1) Hi-Lo 価格政策

　Hi-Lo価格政策は、特売価格政策ともいわれます。特売価格とは、特売時の価格、すなわち通常より割引した価格をいいます。特売価格は一時的なもので、一定の期間が過ぎると通常の価格に戻ります。
　一定の期間に価格が「高い（High）」「低い（Low）」するため、Hi-Lo価格政策といわれます。特売の際に行われる、原価を割るような安い価格設定をした商品を、「ロス・リーダー（目玉商品）」といいます。
　小売店はロス・リーダーで、来店頻度の少ない顧客、あるいは見込み顧客に来店を促すと同時に、特売商品の購買以外に、衝動買いの誘発によって他の商品を購買してもらい、客単価を上げようとします。低価格の価格プロモーションにより、消費者の購買意欲を刺激する戦略です。
　しかし、消費者は特売価格に慣れてくると、特売時の安い価格のときだけ商品を購入し、高くなると購入しなくなります。安売り商品のみを購入し、他の定価販売の商品を買わない消費者も出てきます。
　このような消費者を、「バーゲンハンター」や「チェリーピッカー」

といい、Hi-Lo価格政策の目的である、買上点数の増加による客単価向上が図れません。

(2) EDLP政策

EDLP政策はウォルマートに代表されるように、一時的な値引きをしないで、その代わり、日常的に低価格で商品を販売する方法です。Hi-Lo価格政策では、安いときしか買物に来てくれない消費者が多くなります。EDLP政策は、「毎日商品が安いから、いつでも来てください」という発想です。

日本でも、EDLPと謳っている店舗はよく見受けられますが、厳密にいうとEDLP政策をベースとしているものの、Hi-Lo価格政策となっています。

図4-13にみられるように、EDLP政策は、90円の低価格を設定したら

図4-12　Hi-Lo価格政策のメリット・デメリット

	メリット	デメリット
消費者	・価格感度の異なる消費者を幅広く獲得することができる ・低価格のイメージを持たせることができる	・消費者の参照価格が低下する ・価格に対する信頼感が失われる ・ブランド・ロイヤルティの低下を招く恐れがある
小売業	・価格プロモーションが機能しやすく、売上げの増加が図れる ・値引き対象以外の商品が売れることで、収益の向上が期待できる	・在庫管理が難しい ・広告や店内オペレーションにより、コストが増大する
メーカー	・価格感度の異なる消費者を幅広く獲得し、売上・利益の最大化が図れる ・需要をコントロールできる	・特売商談や販売量の変化でコストが増加する ・消費者の参照価格が低下し、通常価格で売れなくなるリスクがある

その後は価格を変動させません。それに対して、Hi-Lo価格政策は通常価格130円の場合、80円の特売や70円のロス・リーダー・プロモーションを実施します。

EDLP政策では、Hi-Lo価格政策で実施されるチラシ・プロモーションを行わないのが原則です。また、EDLP政策は品揃えされている全商品について低価格で提供する場合もあれば、特定の商品カテゴリーの価格のみを低価格で提供する場合もあります。

EDLP価格政策は「毎日が安売り」なので、消費者は価格に対する信頼感が持てます。また価格の変動がないので、価格を比べる必要がなくなり、安心して買物ができます。

その結果、消費者がロス・リーダー商品を買い回る行動が減少し、その店でのワンストップ・ショッピングが増加する可能性があります。

また、常に一定価格なので、ブランド・ロイヤルティの低下も防止で

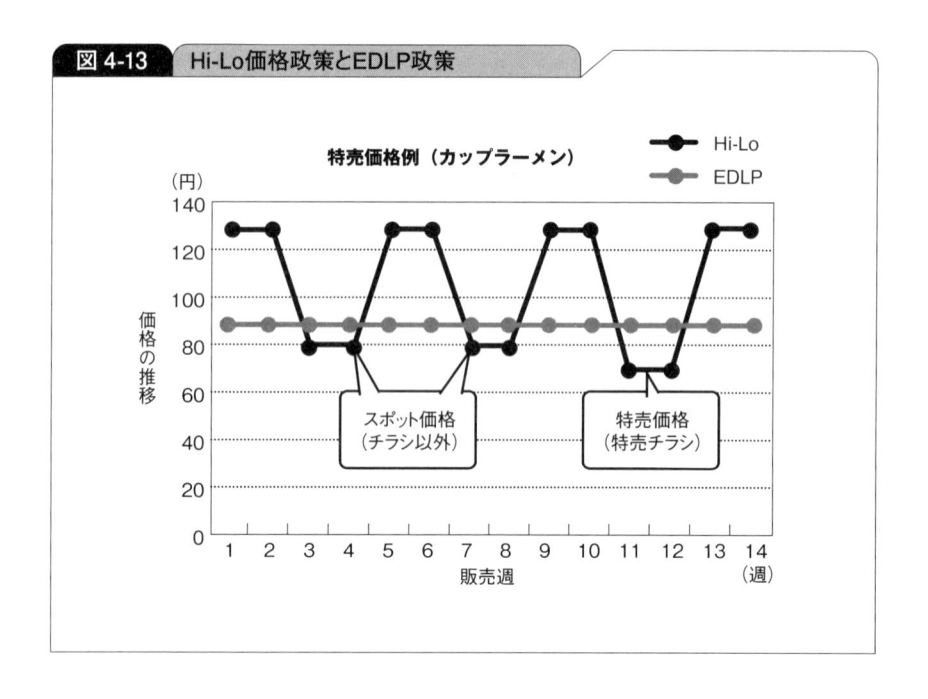

図 4-13 Hi-Lo価格政策とEDLP政策

きます。

　基本的に、特売やチラシを配布しないため、来店のきっかけづくりが難しいことがデメリットです。常に安売りであるため、価格感度の異なる消費者に対応し、一時的に需要を刺激することは困難です。さらに、消費者の商品に対する割安感が徐々に薄らいでしまう可能性もあります。

図 4-14　EDLP政策のメリット・デメリット

	メリット	デメリット
消費者	・消費者の参照価格が低下しない ・ブランド・ロイヤルティの低下を防止できる ・店舗間の買い回りが減少し、ワンストップ・ショッピングができる	・価格感度の異なる消費者を幅広く獲得することができない ・来店のきっかけづくりが難しい ・日本の消費者にはなじみがない
小売業	・在庫管理が容易 ・店舗オペレーションが標準化できる	・一時的な売上・粗利益の増加を図ることは難しい ・ローコスト経営を確立できないと、EDLP政策を継続できない
メーカー	・価格が一定なので、需要予測が可能 ・生産の平準化による効率化が図れる ・特売商談や販売量の変化がないので、コストが削減される	・価格感度の異なる消費者に幅広く対応できない ・一時的な売上・粗利益の増加を図ることは難しい

section 9　企業におけるプライシング活動の実際

Hi-Lo 価格政策と EDLP 政策②

　Hi-Lo価格政策とEDLP政策についてみてきましたが、日本の多くの小売業は、EDLP政策よりもHi-Lo価格政策を採用しています。

　section9では、EDLP政策の本家であるアメリカのウォルマートと、EDLP政策をベースにPOPなどの店内プロモーションを工夫している食品スーパー、オーケーを紹介します。

(1)「ウォルマート」：全米最大の小売業

　ウォルマートは1962年、アーカンソー州の田舎町で創業。衣料品から自動車用品、小型家電用品に至るまで、あらゆる商品を格安で販売する広大な倉庫型の店舗でした。

　当時、ディスカウント・ストアは大都市でなければ成功しないといわれていました。しかし、ウォルマートは1号店開店からわずか30年足らずで、全米最大の小売業となりました。今日、大都市にも店舗を構え、メキシコやカナダ、中国にも進出しています。

　わが国では、2002年に西友と包括提携して、資本参加し、2003年よりウォルマート流の商品管理システムの導入を実施して、西友の経営改善を支援、2008年には完全子会社化しています。

　めざましい成功の秘訣は、①VOC（Voice of Customer）を大切にする、②高い従業員満足度、③ローコストの徹底の3つが挙げられます。

①VOC（Voice of Customer）：顧客の声

　ウォルマートの経営幹部は週に2回以上、店舗に出向いて顧客と直接話を交わし、販売を観察しています。顧客の情報から、顧客のニーズを

汲み取り、顧客が望む商品を、他社では太刀打ちできないほどの低価格で販売しています。

また、顧客満足を維持できるサービスも、提供しています。店の入口には「満足を保証します」という表示があり、店内には「ウォルマートの目標：お客さまをお待たせしません」と掲げられています。

顧客の意見を聞いて、顧客を大切にする方針が顧客満足度を高め、固定客化へとつながっています。

②高い従業員満足度

ウォルマートは、従業員が企業を良くし、成長させると考え、従業員を大切にしています。

例えば、従業員は「アソシエート」と呼ばれ、会社のパートナーとして会社の事業に深く関わり、優秀な業績に対しては報酬が与えられます。ウォルマートの従業員を重視する姿勢は、企業文化として深く根づき、従業員の高い満足度に反映され、顧客満足の向上にもつながっています。

③ローコストの徹底

EDLP政策を実行するためには、ローコスト・オペレーションが必須です。ウォルマートは厳しいコスト抑制により、売上高販売管理費比率を19%（2009年3月期）に抑えています（ちなみに、日本のイオンは33%（2009年2月期））。

ウォルマートの低コストは、優れた経営方針と最先端の技術に支えられています。本社には、高度なコンピュータ通信システムが備えられ、全国の店長が即座に売上や営業情報にアクセスすることができます。巨大な全自動式の流通センター（クロス・ドッキング・センター）では、最新鋭のテクノロジーを使って効率よく店舗に商品を供給しています。

顧客は、欲しい商品が欲しいときに手頃な価格で手に入れることができ、その評判は素早く口コミで広がります。多くの広告を打つ必要もなく、売上高に対する広告費も競合他社と比較して低くなっています。

さらに、仕入業者に低い価格を提示させる「厳しい仕入れ」により、コストダウンを図っています。
　安い価格で仕入れ、低価格で販売し、サービスも良いため、多くの顧客が集まります。売上が伸び、会社の効率も上がり、いっそう価格を下げられます。

(2) 食品スーパー「オーケー」

　EDLP政策をベースに、POPを活用して、業績を伸ばしている小売業があります。東京を地盤とした食品スーパー「オーケー」です。年々売上高、経常利益ともに伸ばしており、店舗数も増加しています。「日本版EDLP」と呼ばれ、EDLPの本家である西友・ウォルマートの経営陣がオーケーを視察に訪れるほどです。

①割り切り商法

　オーケーはチラシで、「地域一番の安値を保証します」と謳っています。店内には、「ナショナルブランド商品は地域一番の安値を保証しております。もし他店よりも高い商品がございましたらお知らせください。値下げします」という表示が掲げられ、同様のアナウンスも流れます。
　オーケーの売場をみると、品揃えが特定のメーカーに偏った商品があります。これは、リベートの条件が合わない、安売りできないブランドの取引を縮小しているためです。トップブランドですら、仕入れ条件が合わなかったら品揃えから外します。この「割り切り」の品揃えで、低価格を実現しています。

②写真のないチラシ

　チラシは写真がほとんどなく、B4サイズの商品情報を載せただけのものを週1回発行しています。その大半が店頭配布で、新聞などへの折り込みはめったにありません。
　「いつも他の店より安い値段を付けているので、店内に入れば納得し

ますよ」と、広告でも店頭および掲示で訴えています。

③「オネストカード」

なぜ、オーケー流EDLPが支持されているのでしょうか。その鍵を握るのは、同社の「オネスト（正直）カード」です。

「なぜ安い」「なぜおいしくない」といった商品に関わる「ワケ」を開示することで、消費者に納得してもらう手法です。不利な情報でも、すべて伝えることで、消費者の期待度を下げる効果を果たし、ワケあり商品を安く仕入れることにつながっています。

消費者に対して正直に情報を開示することで、「食の安全」をアピールして安心感を持たせ、ストアロイヤルティの向上につながっています。

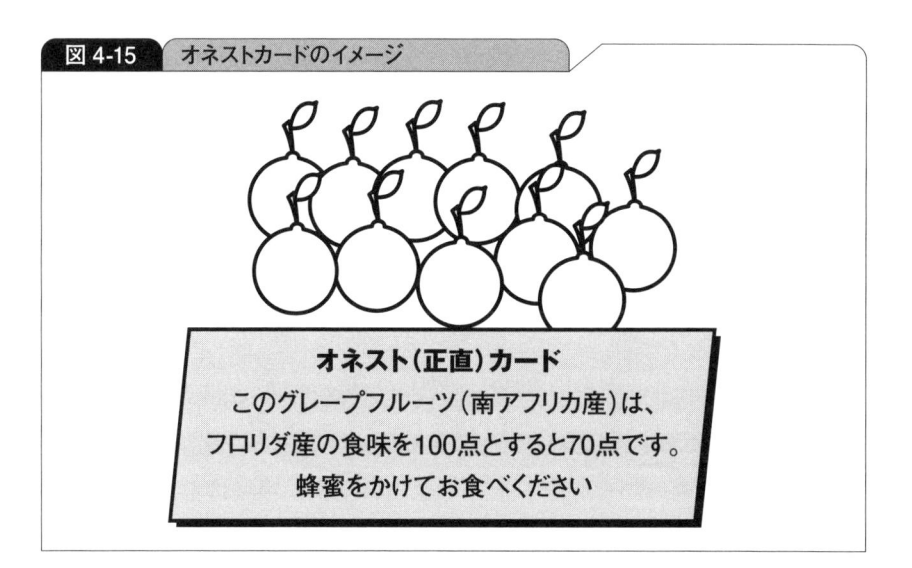

図 4-15　オネストカードのイメージ

オネスト（正直）カード
このグレープフルーツ（南アフリカ産）は、
フロリダ産の食味を100点とすると70点です。
蜂蜜をかけてお食べください

section 10 　企業におけるプライシング活動の実際

建値制とオープン価格制

　section10では、小売業者への納入価格に関する中間流通価格について紹介します。

　日本の流通構造は、メーカー→卸売業→小売業という流通経路をたどります。小売店頭価格を決めるのは誰なのでしょうか。もちろん、販売の主体者である小売業が価格を決定します。家電量販店では、店舗ごとに価格が異なることもあります。

　しかし、メーカーが主導権を持っている業界もあります。メーカーが主導して、小売店頭価格を決めていた時代もあり、その慣習がいまだに残っている業界もあります。

　メーカーが主導権を持って、卸売価格・小売価格を決める制度を「建値制」、小売業者が自らの判断で価格を決定する制度を「オープン価格制」といいます。

(1) 建値制の誕生

　第2次世界大戦後のわが国では、大量生産・大量消費の時代が到来し、ブランドが本格的に確立されてきました。メーカーは、自社の製品を販売する小売店に対して、さまざまな支援活動を行い、小売店の「系列化」を進めていきました。

　系列化により、メーカーから一次卸、二次卸、そして小売店への流通経路が確立されました。メーカーは系列度を高めることで、店舗間の競争をなくし、系列店の専売度を上げて「正常価格」の維持を図りました。

　メーカーが主導して決めた「メーカー希望小売価格」が、小売店頭価

格となりました。流通経路の構成員であるメーカー、卸、小売の利益の配分をメーカー主導で決め、「建値制」が確立しました。

(2) 建値制の問題点

建値制は時代が進むにつれて、取引制度として不透明だといわれ始めました。小売店はいくら大量に仕入れて売っても、仕入価格が低下しないという欠点が露見しました。つまり、メーカーに大きく貢献しても、配分利益以上はもらえない、という仕組みです。

メーカーと規模の異なる小売業者（量販店と個人商店）との取引について考えましょう。一般的に、注文量が増えれば商品1単位当たりの出荷費用は低下します。メーカーは、大量に商品を購入する小売業者に対して、数量割引を行うことができます。

しかし、建値制のもとでは出荷価格を差別することはできず、メーカー

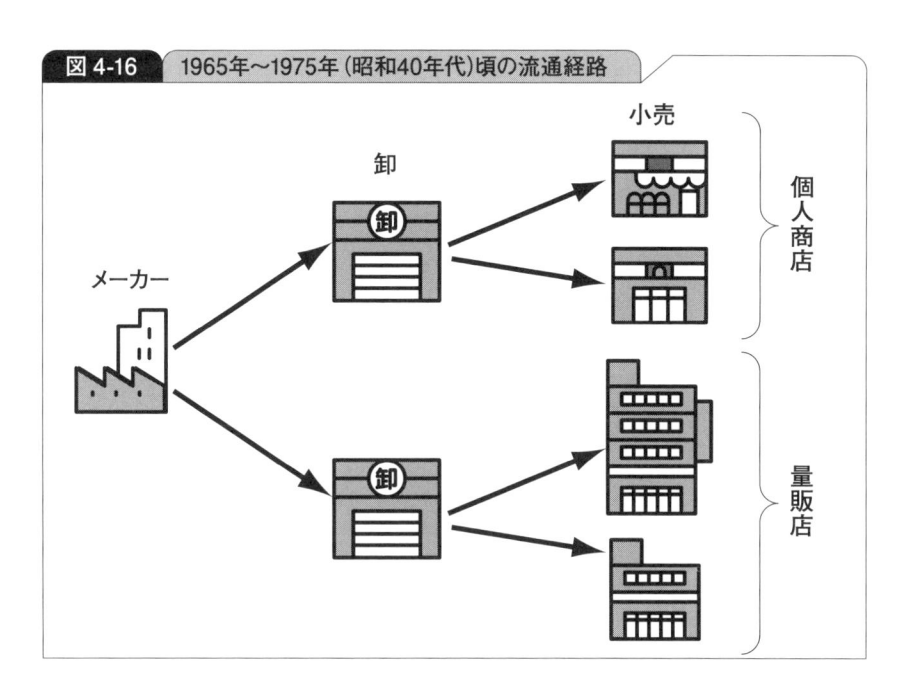

図 4-16 1965年〜1975年（昭和40年代）頃の流通経路

は取引量に応じてリベート（販売奨励金）を支払うことで対応しました。リベートが値引きや協賛金、インセンティブなど小売店へのさまざまな利益還元の仕組みとなり、メーカー・小売店ごとに異なる取引形態となりました。

その結果、過度に複雑・不明瞭なリベート制度になり、必要以上の値引き・協賛金の支出などが起こり、リベートが小売価格に反映されなくなりました。小売店では、リベートを原資に値引き競争が行われるようになり、建値制は形骸化しました。

(3) オープン価格制への移行
①流通経路の変遷

さまざまな業態の小売業の増加により、多様で複雑な流通経路が形成され、メーカーの流通系列化は崩れていきました。

図4-17のように、メーカーから卸を通さず、直接小売業と取引をしたり、従来のように一次卸や二次卸を通したり、個人商店に納品されるなど、新旧のチャネル併存という状態が生じ、多様・複雑・不透明な取引

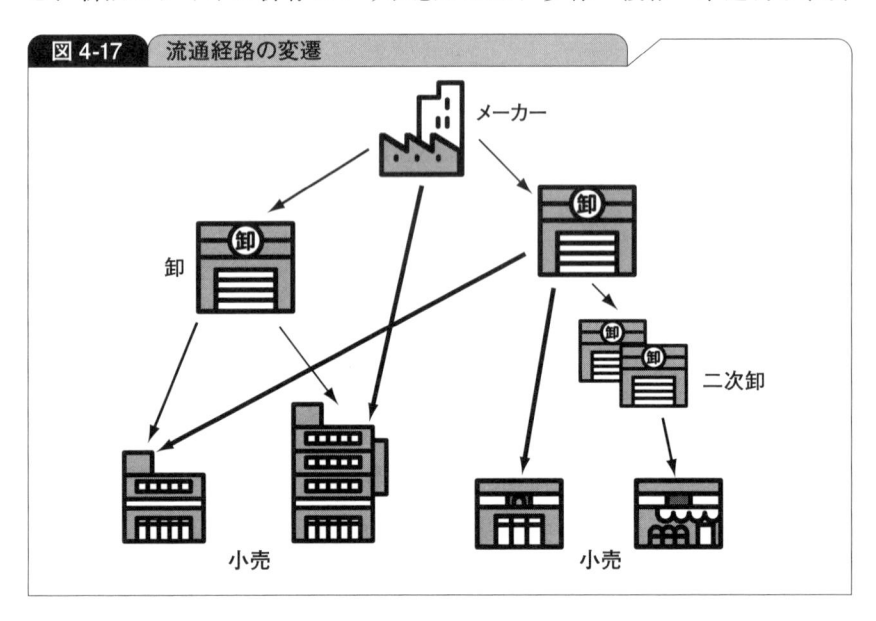

図 4-17　流通経路の変遷

が併存する流通経路となりました。

② 大規模小売業の台頭

　1990年代初頭から、大型量販店の出店が加速しました。大型量販店はバイイングパワーを高め、強い価格競争力により、メーカーから多額のリベートを受け取るようになりました。また、POSシステムの導入により、情報パワーを増した大規模小売業は、メーカーへの発言力を強化しました。

　一方消費者は、バブル崩壊後の不況の中で低価格志向を強めていました。大手スーパーマーケットや大型家電量販店は、東アジアからの輸入品を低価格で販売したり、国産品についても、リベート収入を見込んで大幅な値引き販売をしました。

　建値制を維持していた系列専売店は、メーカーに大規模小売業者の値引き販売を止めさせるように要請しました。しかし、メーカーは大型量販店のバイイングパワーの前に、値引き販売を止めさせることができず、両者の利害を調整するために、オープン価格制を導入せざるを得なくなったのです。

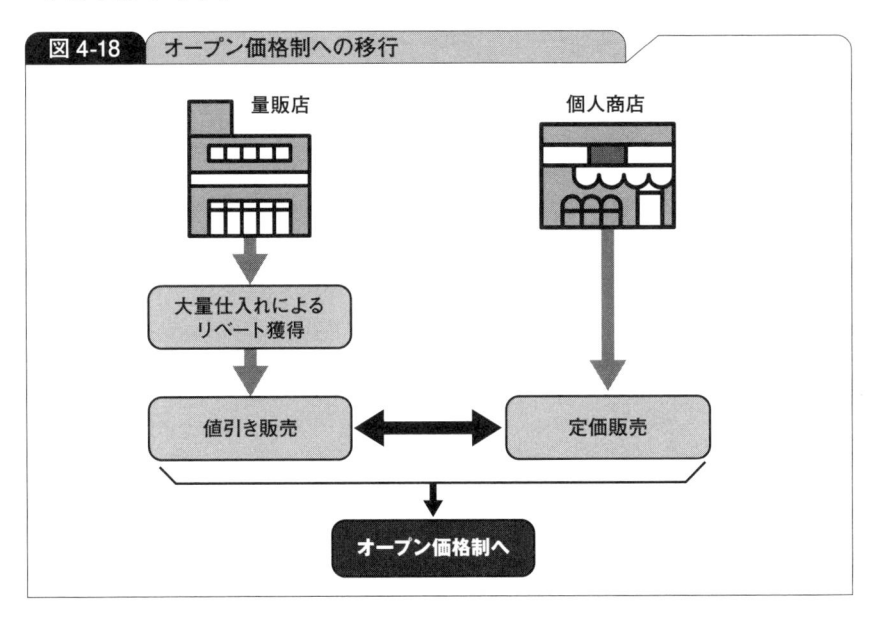

図 4-18　オープン価格制への移行

量販店 → 大量仕入れによるリベート獲得 → 値引き販売

個人商店 → 定価販売

値引き販売 ⇔ 定価販売 → オープン価格制へ

section 11　企業におけるプライシング活動の実際

グローバリゼーションとプライシング①

　国内需要の停滞、競合他社との競争の激化から、新たな市場を求めて、海外に進出する企業が増加しています。

　日本国内にも、衣料品メーカー、H&Mに代表されるように、さまざまな国から企業が進出してきます。インターネットの普及に伴い、時間や距離が急速に縮まり、地理的に離れた国で開発された製品が、自国で熱狂的に受け入れられるようなことが起きます。

　企業が海外で製品を販売する場合、どのようなことに留意すればよいのでしょうか。「進出する国の消費者ニーズは？」「流通システムは？」「取引決済は？」「為替リスクは？」など、さまざまなことが思い浮かびます。プライシングでも、自国とは異なった特殊要因を考慮しなければならず、複雑で手間がかかります。

　section11では、グローバル・プライシングのプロセスと、考慮すべき特殊要因について紹介します。

(1) 海外進出のプライシング・プロセス

　企業は海外に進出する場合、どのようなプロセスでプライシングを含めたマーケティング戦略を実行すればいいのでしょうか。

　基本的には、国内の市場のマーケティング活動と同じです。コスト面から採算性をベースにして、競合他社の状況や市場の動向、商品のライフサイクルなどを考慮してプライシングします。

　図4-19のプロセスに基づいて、おおまかな価格の範囲を考えます。その範囲内で、下限価格・上限価格・適正価格の基本価格を設定します。

下限価格は、生産コスト等によって決まり、上限価格は、現地における同等製品の競争価格と消費者の支払い能力等によって決まります。上限価格と下限価格を考慮し、適正価格を決定します。最後に、後で説明する特殊要因を考慮し、実際の販売価格を決定します。

グローバル化の進行により、世界各国の複数市場を考慮する必要があります。全体での利潤最大化を目指すため、適正価格は下限価格と上限価格の間で大きく変動します。適正価格が下限価格を下回る場合、後で述べるアンチ・ダンピング問題の注意が必要です。

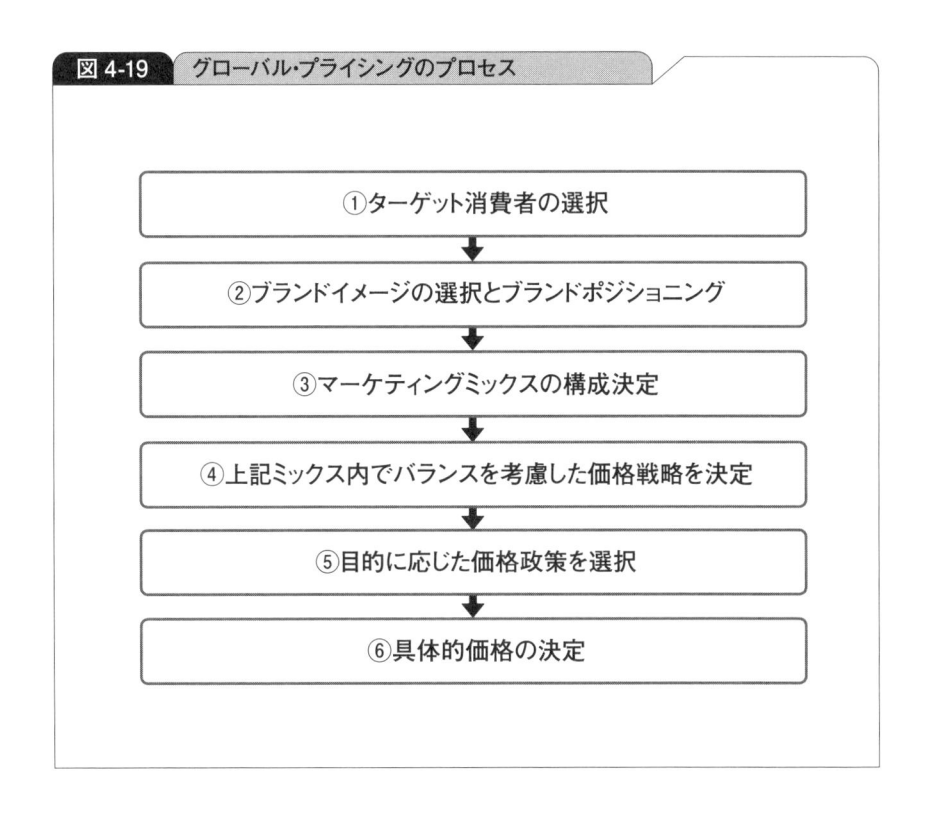

図 4-19　グローバル・プライシングのプロセス

①ターゲット消費者の選択
↓
②ブランドイメージの選択とブランドポジショニング
↓
③マーケティングミックスの構成決定
↓
④上記ミックス内でバランスを考慮した価格戦略を決定
↓
⑤目的に応じた価格政策を選択
↓
⑥具体的価格の決定

(2) グローバル・プライシングにおける特殊要因

　輸出に依存する日本の自動車メーカーが、「円高」の影響によって、収益が悪化したというニュースを耳にします。プライシングでは、為替レートをいくらに設定するかによって、企業の収益は大きく左右されます。

　企業が海外進出する際のプライシングは、為替レートに代表される特殊要因を考慮しなければなりません。

①為替レート

　海外で商品を販売する場合、その国の通貨で販売します。先ほど紹介した国内市場のプライシングのように、「コスト」と「需要」、「競争」の3つの条件に基づいてプライシングしても、貨幣価値が大きく変動したら、プライシングは意味がなくなります。

　貿易活動を伴う企業のプライシングは、為替変動の予測が必要です。しかし、将来為替がどのように変化するのかを、事前に的確に把握する

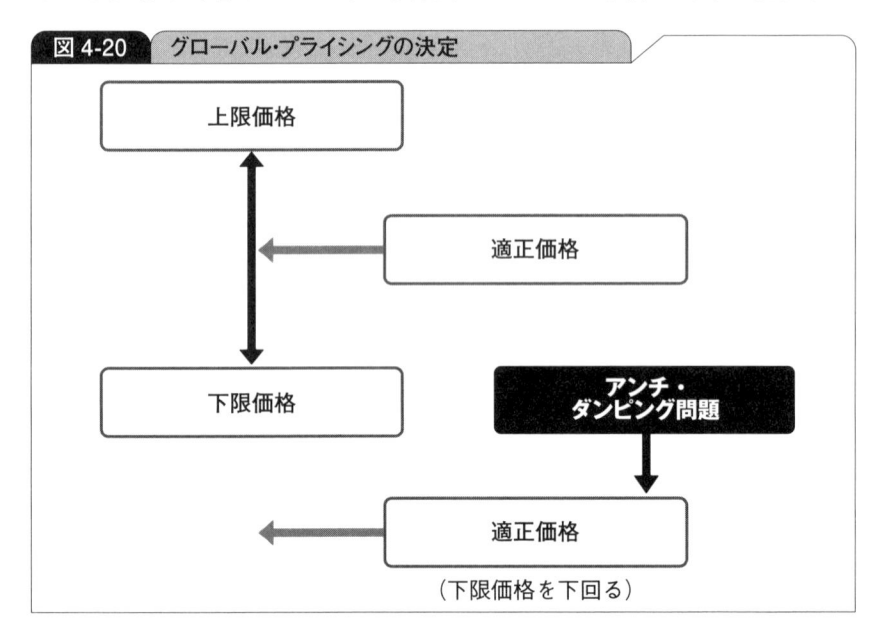

図4-20　グローバル・プライシングの決定

```
┌─────────────┐
│  上限価格   │
└─────────────┘
      ↕
              ┌─────────────┐
           ←──│  適正価格   │
              └─────────────┘
      ↕
┌─────────────┐      ┏━━━━━━━━━━━━━┓
│  下限価格   │      ┃  アンチ・   ┃
└─────────────┘      ┃ ダンピング問題 ┃
                     ┗━━━━━━━━━━━━━┛
                            ↓
              ┌─────────────┐
           ←──│  適正価格   │
              └─────────────┘
              （下限価格を下回る）
```

ことは困難です。

そのため、PART1のsection4で紹介した為替予約などにより、為替リスクを回避することが必要となります。

②経済水準、物価水準の違い

各国の経済水準、物価水準の違いも、価格戦略に大きく影響します。日本円換算で平均労働者所得が月1万円の国で、20万円のプラズマテレビを販売することは困難です。

先進国と発展途上国では、消費者の購買力が異なります。また消費者の購買力が同じでも、進出先の国の産業の発展度合が異なれば、その市場の企業数や競争の状況も異なります。海外進出を考えている製品が、進出先の国で発展している産業の製品であれば、競争が激しく、厳しい価格が要求されるでしょう。

さらに、消費者の価格に対する反応も国ごとに異なります。日本の消費者は他国の消費者に比べ、品質とイメージを重視し、価格はそれほど重視しないといわれています。

進出国の産業の発展状態や購買力、市場の状況に応じた適切なプライシングのためには、徹底したマーケティングリサーチが必要不可欠です。

③税制の違い、法的規制の違い

国際的なプライシングに影響を与える要因に、税制の違いや価格に対する法的規制の違いがあります。国ごとに異なる税金を、いかに製品価格に吸収していくかによって、価格競争力は大きく左右されます。

法的規制も考慮する必要があります。プライシングに対する法的規制を無視すると、さまざまな問題を引き起こします。

section 12　企業におけるプライシング活動の実際

グローバリゼーションとプライシング②

　企業の海外進出の際、国内市場での販売と同様のプライシングを妨げる要因が存在します。先ほど述べた「税制の違い、法的規制」が最も大きな要因です。

　日本でも中国からの低価格品の輸入により、国内産業に重大な損害を与えるおそれがあるため、セーフガード（緊急輸入制限）が設けられたことがありました。

　海外進出企業（輸出企業）と、進出した現地の政府、現地企業との間では、さまざまな問題が発生する可能性があります。section12では、その問題について詳しく紹介します。

(1) 移転価格（輸出価格）

　企業が海外進出し、グローバルに拡大していく際にも、企業全体で最大の利益を上げようとします。進出国のすべての国で利益の最大化を狙うのではなく、法人税率の低い国で利益を高くし、法人税率の高い国では利益を抑えようとします。

　例えば、法人税率の低い国へ輸出する場合、製品や部品の輸出原価を低くし、現地での販売価格との差を大きくして、利益を増加させます。

　法人税率の高い国では、製品や部品の輸出原価を高くして、現地での販売価格との差を小さくして利益を圧縮します。

　進出企業は、海外進出により利益は拡大しますが、法人税率の高い現地政府にとっては、法人税を失い両者の間に摩擦が起こります。進出企業と現地政府との摩擦（コンフリクト）を、移転価格問題といいます。

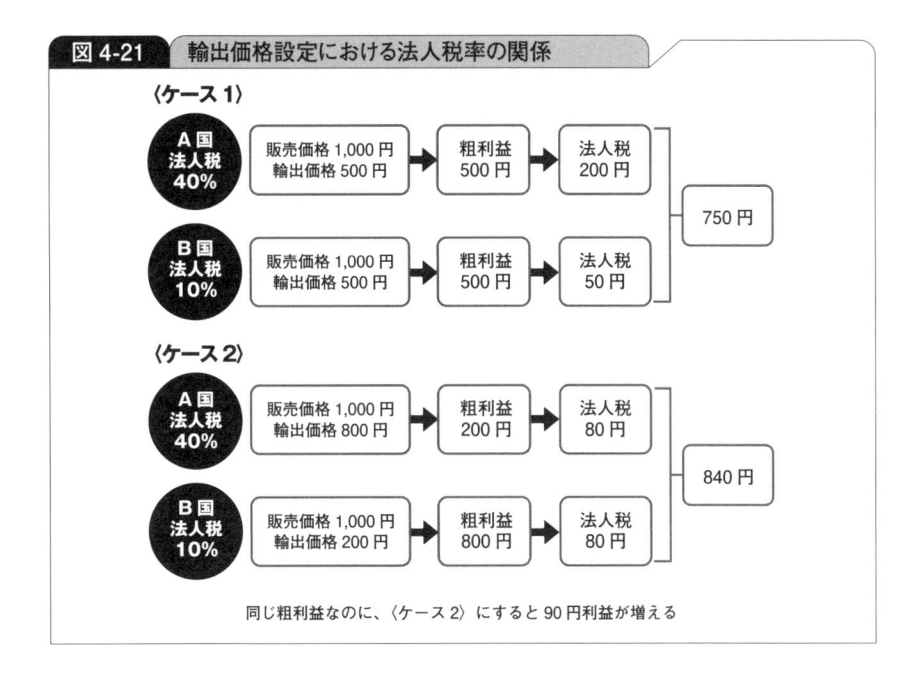

図4-21　輸出価格設定における法人税率の関係

〈ケース1〉

- A国 法人税 40%：販売価格 1,000円　輸出価格 500円 → 粗利益 500円 → 法人税 200円
- B国 法人税 10%：販売価格 1,000円　輸出価格 500円 → 粗利益 500円 → 法人税 50円

合計 750円

〈ケース2〉

- A国 法人税 40%：販売価格 1,000円　輸出価格 800円 → 粗利益 200円 → 法人税 80円
- B国 法人税 10%：販売価格 1,000円　輸出価格 200円 → 粗利益 800円 → 法人税 80円

合計 840円

同じ粗利益なのに、〈ケース2〉にすると90円利益が増える

(2) グローバル・プライシングと関税

関税とは、古代都市国家における手数料から始まり、内国関税、国境関税という変遷を経て、今日では「輸入品に課される税」として定義されます。

図4-22　FTAの概要

FTA（自由貿易協定）
- 物品の関税を削減・撤廃
- サービス貿易の障壁等を削減・撤廃

FTA（自由貿易協定）とは
2カ国以上の国や地域で、物品の関税やサービス貿易の障壁等を削減・撤廃する協定

日本がFTAを締結した国（2008年8月1日現在）

締結国	発効日
シンガポール	2002年11月30日
メキシコ	2005年4月1日
マレーシア	2006年7月13日
チリ	2007年9月3日
タイ	2007年11月1日
インドネシア	2008年7月1日
ブルネイ	2008年7月31日

出典：JETROホームページ http://www.jetro.go.jp/

関税は国家財政を確保する手段としての関税（財政関税）と、国内企業の保護・振興（保護関税）の機能を有しています。

WTO（世界貿易機関）の多角化貿易交渉により、世界各国で関税低下努力が重ねられ、関税率は、低下する傾向にあります。近年ではFTA（自由貿易協定）締結の動きが進展し、物品の関税を取り除くなど、自由貿易化が進んでいます。

(3) アンチ・ダンピング

輸出企業が、製品の販売価格を、原価を下回る価格に設定したり、現地の市場価格よりも低い価格に設定することをダンピングといいます。

各国政府は、自国の企業を守るために、ダンピング規制方針・手続き（アンチ・ダンピング政策）を行います。

近年では、グローバル・プライシングによる低価格化の影響から、ダンピングに認定される件数が増加しています。特に、低価格化の発信源である中国に関する案件が増加しています。

図 4-23　アンチ・ダンピング調査の対象国

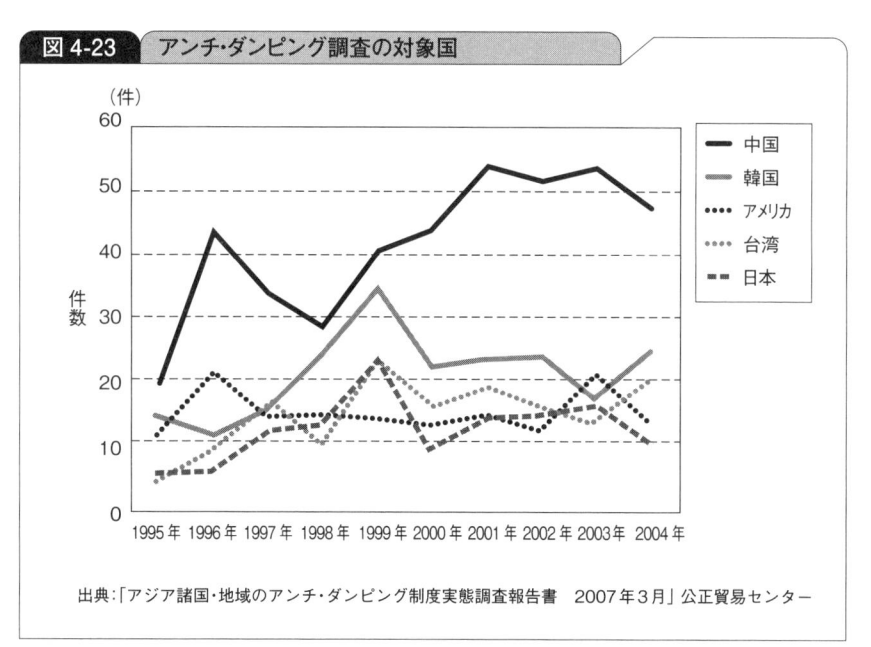

（件）

凡例：中国／韓国／アメリカ／台湾／日本

出典：「アジア諸国・地域のアンチ・ダンピング制度実態調査報告書　2007年3月」公正貿易センター

図 4-24　アンチ・ダンピングの対象産品

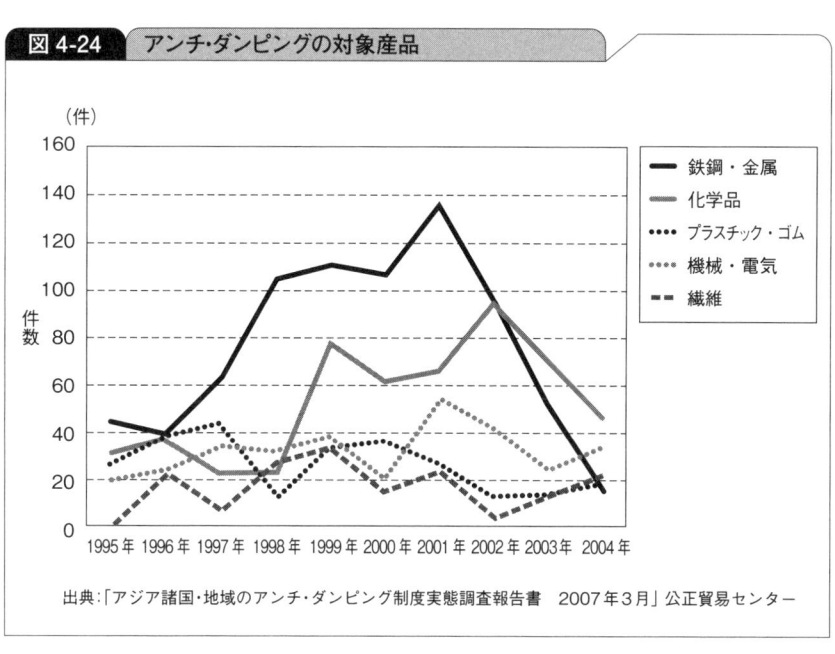

（件）

凡例：鉄鋼・金属／化学品／プラスチック・ゴム／機械・電気／繊維

出典：「アジア諸国・地域のアンチ・ダンピング制度実態調査報告書　2007年3月」公正貿易センター

section 13　企業におけるプライシング活動の実際

グローバリゼーションとプライシング③

　日本の企業はさまざまな国に進出し、さまざまな製品を世界各国で販売しています。海外で成功している企業は海外進出の際、その国の市場規模や市場の成長性はもちろん、消費者ニーズや競合状況、流通経路などを緻密に調査したうえで、マーケティング戦略を実行しています。
　市場規模、市場成長性の観点では、中国市場を抜きに語ることはできません。1970年代末に始まった、計画経済体制から市場経済体制への転換により、中国の経済発展には日々凄まじい変化が見られます。生産市場の安価な労働賃金や日進月歩の技術力だけでなく、消費者市場においても、巨大な中国市場は魅力的です。
　中国の消費者市場で成功した日本企業はそれほど多くありません。その中で、緻密なマーケティング戦略を実行している日本企業を紹介します。

(1) 資生堂の中国市場での事業展開と成功

　資生堂は、日本の化粧品メーカーで初めて海外に進出した企業です。1957年の台湾を皮切りに香港、シンガポール、マレーシアで販売活動を展開し、さらに1962年に資生堂初の海外の販売会社、「資生堂・オブ・ハワイ(SHISEIDO of Hawaii In corporation)」を設立しました。その後、世界進出は90年代に入り一気に加速し、現在はグローバルな大手化粧品メーカーとなっています。
①中国進出のきっかけ
　1980年代前半、資生堂は北京市の誘いにより、中国市場で製品販売

を始めました。当時は、北京市内の大型商店や高級ホテル9店で、資生堂の化粧品、石鹸、歯磨きなど約60種類を販売しました。

　高額の資生堂商品を購入する顧客は北京市に赴任した外交官夫人や現地の官僚夫人でした。

② 『オプレ』ブランドの大成功

　資生堂は、1991年11月に合弁会社、北京麗源公司と資生堂麗源化粧品有限公司（略称SLC）を設立し、94年に中国専用のブランドAUPRES（オプレ）を発売しました。

　『オプレ』のブランド名は、フランス語の「そばに」「傍らに」に由来し、「あなたの傍らに」という意味です。

　『オプレ』は発売以降、爆発的な売上を見せ、取扱店の9割でインストアシェア1位を確保しています。

③ 『オプレ』のブランド戦略

　当時、中国化粧品市場には、推計で3,000社あまりの合弁及び国営メーカーが参入していました。その大半は、一般大衆向けのミドル市場をターゲットとし、そのはるか上には、海外からのブランド化粧品が君臨していました。

　化粧品市場は、完全に少数の最高級輸入化粧品と圧倒的に多い大衆向け化粧品に二極化されていました。一般の消費市場では、高品質の化粧品は少なく、正確な化粧品知識（効能、効果、使用法、美容法など）を得る機会は極めて限られていました。

　一方で、可処分所得の増加に伴い、新たな消費生活を享受したい、自分だけの豊かさを演出したいという、「ニューリッチ」の消費者層が出現しつつありました。そこには、ファッションや化粧に敏感で、おしゃれを楽しみたい、美白の肌になりたいという消費者ニーズがありました。

　このような背景を踏まえ、資生堂は中国人女性の肌質や色の嗜好等について厳密に調査したうえで、中国の消費者だけに満足してもらう高品

質、高機能のブランドを開発し、輸入品と大衆品の間の「空白地帯」に先行進出しました。

④『オプレ』の価格戦略

1990年代初めの中国では、物価水準も消費レベルも日本と桁違いに乖離していました。資生堂の製品をそのまま中国へ持っていくと、関税を入れて400〜700元となります（当時、日本円換算で6,000〜9,000円）。

しかし、当時の北京市民の平均的な月収は400元から600元くらいしかありませんでした。そのため、ターゲットとする顧客層の収入レベルに合っていないのは明らかでした。

そこで、現地の可処分所得、関税水準等の厳密な調査を行い、『オプレ』を現地で開発し、70元〜150元の価格帯を設定しました。この価格帯は当時の一般大衆の平均月収の約5分の1に相当しますが、『オプレ』は「手を伸ばせば届く」化粧品となりました。

⑤高めの価格設定と高級感によるあこがれ

『オプレ』は周囲の低価格競争にもかかわらず、発売以来価格を一切変更していません。『オプレ』はターゲット顧客だけでなく、一般大衆の消費者のあこがれであり、プレミアム価格維持戦略が有効に作用しています。

さらに消費者の可処分所得の上昇に伴い、価格が一切上がらない『オプレ』が消費者に浸透、拡大していきました。消費者にとっては、「ずっと前からあこがれていた、資生堂の化粧品がやっと買える」という達成感と満足感の醸成が、優れたブランド・イメージの維持・強化にプラスへ働いています。

(2) サントリービールの中国進出

1996年にサントリーは、三得利啤酒（上海）有限公司として現地企業を創業し、わずか5年間で、中国内外の有名ブランドを抑えて、上海で

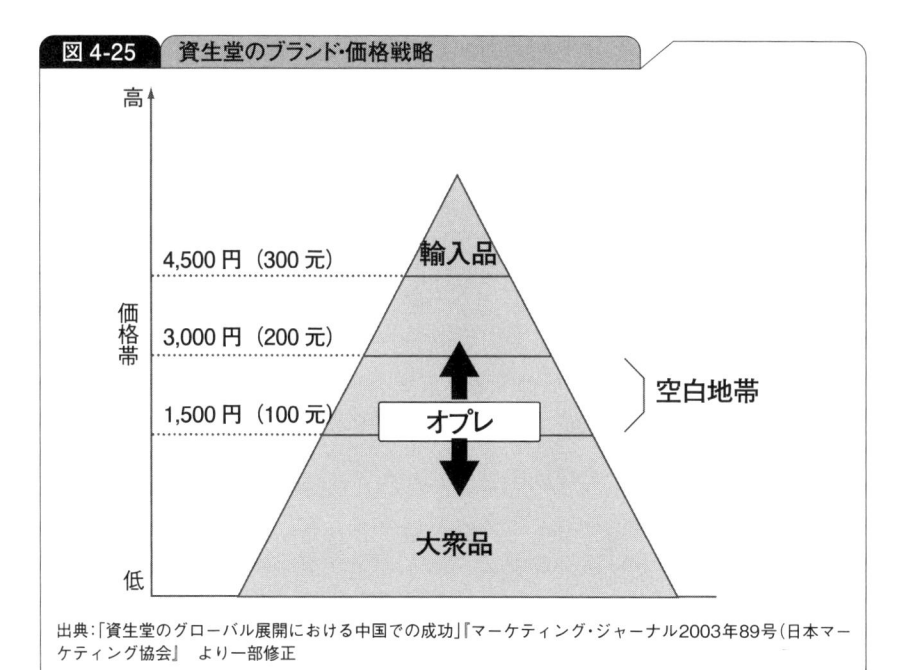

図 4-25　資生堂のブランド・価格戦略

```
高
         ┌ 4,500円（300元）──── 輸入品
価格帯 ─ ┤ 3,000円（200元）
         └ 1,500円（100元）──── オプレ       空白地帯
                                大衆品
低
```

出典：「資生堂のグローバル展開における中国での成功」『マーケティング・ジャーナル2003年89号（日本マーケティング協会）　より一部修正

40％近い市場占有率を誇るトップブランドに成長しました。

①中国進出のきっかけ

　サントリーと中国市場の関わりは、1979年に北京のホテル向けにウイスキーの輸出を開始したときに遡ります。ビール事業は1984年に、江蘇省連雲港市で合弁事業として販売を始めました。

　販売量は1990年代初頭から毎年20〜30％も伸び、1995年には連雲港市周辺での市場占有率は90％を上回りました。

　市場占有率の上昇により、サントリーは中国内の主要な市場である上海でビール事業を開始しました。しかし、上海ではまったく売れずに、販売量も微々たるものでした。ブランドは知名度に欠け、商品の味が消費者の嗜好に合っているのかどうかもあいまいでした。

②マーケティング戦略の見直し

サントリーはターゲットから、商品、流通、販売促進などすべてに至るマーケティング戦略を見直しました。

　中国でビールは、価格帯がプレミアム（高中級）ビール、大衆ビール、低級ビールの3クラスに分類され、大きな価格差がありました。

　業務用・家庭用の観点から市場を分類すると、業務用が25%、家庭用が75%となり、業務用のうちプレミアム・ビールが48%、大衆ビールが52%であり、家庭用ではプレミアム・ビールが4%、大衆ビールが63%、低級ビールが33%となっています。この分類により、家庭用ビール市場及び大衆ビールが中心を占めていることがわかります。

　ハイネケンやバドワイザー、アサヒ、キリンなどの有名海外ブランドのビールが高価格セグメントをターゲットとしたのに対し、サントリーは家庭用市場の大衆価格帯セグメントを主要なターゲットにしました。

　他の海外ブランドメーカーは、消費者の生活水準が上がるにつれて高価格セグメントが増えると期待しましたが、サントリーはビール市場が成熟すれば大衆価格帯に集約すると考えたのです。

③三得利啤酒の価格戦略

　三得利啤酒（上海）有限公司の設立当時、大衆市場向けにしては割高な1本3.8元（約60円）に設定しましたが、高級品と大衆品という2つの価格帯の中間で消費者の支持が得られず、有効な価格設定ではありませんでした。サントリーは商品の見直しとともに、価格を他の有力大衆ビールメーカーと同じ2.5元（約40円）に値下げしました。

　大瓶をこれだけ安く生産できたのは、規模の経済とビンのリターナブル（回収）化によってコスト削減が図られたためです。中国では一般的に大衆・低級ビールはリターナブルを前提としており、市場で共用されているビンを回収・洗浄し、自社ブランドの王冠・ラベルを取り付けるという方法が一般的です。

　大衆ビールは、最初に買うときは3元、一回買ってしまうと、次にビ

ンを持っていけば2.5元で買えるという仕組みになっています。サントリーは共用ビンを使用していましたが、衛生管理が難しく、家庭でビンが割れる事故があり、丈夫な専用ビンを導入しました。

そして、消費者が小売店にサントリービールの空の専用ビンを持参した場合にのみ、サントリービールを購入できるようにしました。専用ビンの導入によりブランドスイッチが少なくなり、顧客のリピートを得ることに成功したのです。

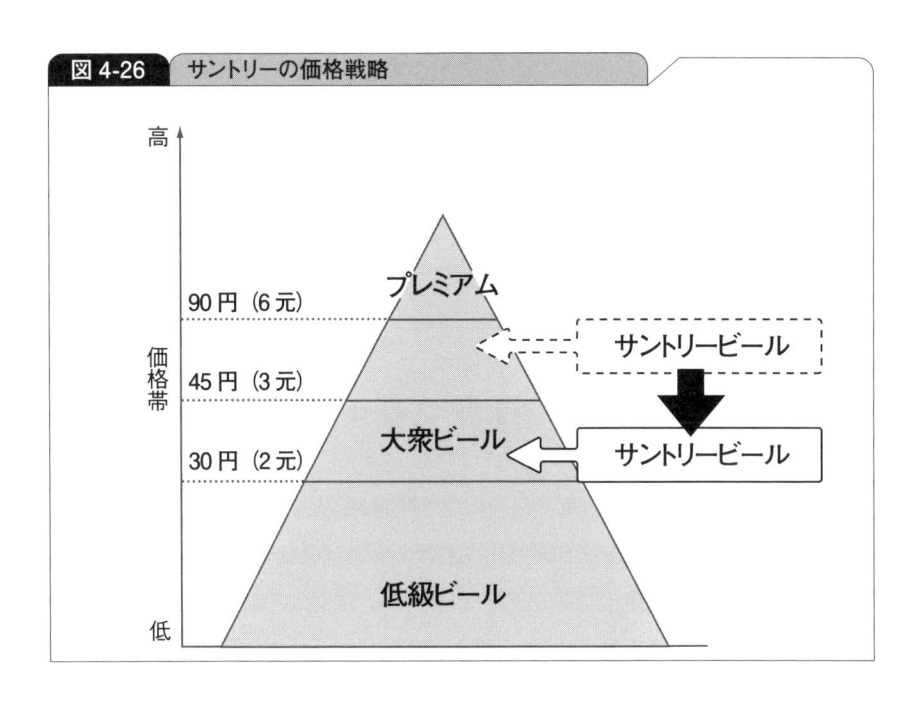

図4-26 サントリーの価格戦略

- 90円（6元）：プレミアム
- 45円（3元）：サントリービール
- 30円（2元）：大衆ビール ← サントリービール
- 低級ビール

section 14　企業におけるプライシング活動の実際

企業の収益構造とプライシング（自動車）

　プライシングの際、影響を受ける要因のひとつに、企業の収益構造があります。収益構造とは、企業が利益を獲得する仕組みです。利益は売上から費用を差し引いたものです。費用には、製造業では製造原価（コスト）や工場の建設費、小売業では宣伝広告費などの販売費及び一般管理費があります。収益構造は業種や業界によっても違うため、プライシングの方法も異なります。

　section14では、プライシングに影響を与える収益構造について、自動車メーカーを分析します。

(1) 自動車産業の構造

　収益構造を説明する前に、自動車産業について確認しましょう。自動車産業は、わが国GDP（国内総生産）の約20％、就労人口の8％を占める基幹産業です。

　自動車産業の構造は、自動車メーカーを中心に広大な裾野を持っています。自動車メーカーとは完成車メーカーのことで、トヨタや日産、ホンダ、マツダなどを指します。自動車は、約3万点にも上る部品から成り立っています。自動車部品を供給するのは、部品会社のサプライヤーです。

　サプライヤーは、自動車メーカーに直接納入する1次サプライヤー、その下請けとなる2次サプライヤー、3次サプライヤーに細分化されます。

　参入企業数や市場規模でみると、自動車から部品、原材料、加工と遡るにつれて市場規模は小さくなり、参入企業数が増加する傾向にあります。

トヨタに直接納入する1次サプライヤーは数百社あり、その下請けは数十倍になります。一方、新車の平均価格は約200万円ですが、その部品の価格は、エンジンなどの主要部品で数十万円、2次サプライヤーや3次サプライヤーが供給する部品は数千円、数百円、さらには数十円と単価が小さくなります。

　自動車業界を構造化すると、参入企業数ではピラミッド型、市場規模では逆ピラミッド型の構造になります。

　自動車メーカーは、企業数は少ないのですが市場規模が大きく、資金も経営資源も集中しています。言い換えると、一大産業の負担が一極集中しており、自動車メーカーの業績によって、産業全体が大きく左右されます。景気悪化により自動車販売が低迷すると、産業全体が落ち込みます。

(2) 自動車メーカーの収益構造

　トヨタの連結損益計算書（図4-27）から、自動車メーカーの収益の仕組みを分析してみましょう。

　2008年3月期の売上高は、約26兆2,890億円（第104期）。トヨタが、販売店に自動車を売った金額の合計です。売上高から各科目を加減算した当期純利益は、1兆5,260億円です。

　売上原価をみると、売上高に対する比率は約80％で、原価の内訳は公表されていませんが、推測すると、売上原価の70％が原材料費で、労務費が10％、製造費用が20％になります。原材料費のほとんどは、部品代です。自動車メーカーは、部品代を低く抑えることで利益を増加させます。

　しかし、部品メーカーにコスト削減を求めすぎると、品質の確保が困難になります。トヨタの場合、「協豊会」というサプライヤーの親睦会があり、217社（2009年3月現在）が会員となっています。安定的な品

図4-27　トヨタの損益計算書(連結)

(10億円)

科目	第103期 (2006.4〜07.3)	第104期 (2007.4〜08.3)	増減
売上高	23,948	26,289	2,341
売上原価	18,356	20,452	2,096
売上総利益	5,592	5,837	245
販売費・一般管理費	3,353	3,567	214
営業利益	2,239	2,270	31
営業外収益	193	213	20
営業外費用	49	46	-3
経常利益	2,383	2,437	54
税引前当期純利益	2,383	2,437	54
法人税等	899	911	12
当期純利益	1,484	1,526	42

質の確保には、会員との密接な関係が不可欠です。

　日産の経営が悪化したとき、売上高のうち約80％を占める部品代の削減を再建策のひとつとしました。しかし、削減によって部品メーカーとの関係が希薄となり、新技術の開発が遅れた要因ともされています。

　自動車メーカーの利益を圧迫しているのは、製造費用に含まれる減価償却費と研究開発費の増加です。旺盛な海外需要に対応した海外工場の増設、環境、安全、情報通信など、自動車に求められる技術要件が拡大していることが原因です。

　しかし、自動車メーカーとして、競争優位性の維持と持続的成長のために不可欠な投資であるため、簡単には削減できません。

　売上高から売上原価を差し引いたのが売上総利益で、その下にあるのが販売費及び一般管理費です。ここには人件費や広告費などが含まれ、約3兆5,000億円が使われています。規模の経済やブランド力による差

がつきやすい部分で、トヨタは売上高の約14%、日産は約15%、ホンダは約16％ですが、マツダやスズキは20%以上となっています(2007年度)。

売上高から売上原価、販売費及び一般管理費を差し引くと、営業利益になります。メーカーの本業の力を示す指標として重視され、トヨタは2兆円以上を稼ぐ力があります。

有価証券や不動産の売買などの損益を追加し、法人税などの税金を払った後に残るのが当期純利益となります。

収益改善の焦点は、売上原価の原材料費と、販売費及び一般管理費の研究開発費の削減です。コスト削減の有力手段として、自社製品を供給先の企業ブランドで生産するOEMがあります。生産設備や人員に余力がある自動車メーカーが、生産力が不足している企業から自動車生産の注文を受けるケースが増えています。

供給を受ける会社にとっては、研究開発費の負担が少なく、商品のラインナップが増やせます。供給する会社は、工場の稼働率向上や余剰人員の活用を図ることができます。日産は、三菱自動車やスズキから積極

図4-28　乗用車8社の2008年度設備投資・研究開発費

(億円、%)

社名	設備投資	研究開発費
トヨタ	13,020 (▲12.0)	9,040 (▲5.6)
ホンダ	5,991 (▲8.4)	5,631 (▲4.2)
日産	3,836 (▲10.6)	4,555 (▲0.4)
スズキ	2,126 (▲11.2)	1,150 (5.8)
ダイハツ	767 (▲31.3)	442 (0)
マツダ	818 (8.3)	9,660 (▲16.1)
三菱自動車	719 (26.8)	358 (3.5)
富士重工	580 (3.0)	424 (▲17.0)

※連結ベース、カッコ内は前年度比増減率、▲はマイナス
出典：各社ホームページより筆者作成

的に製品の供給を受けています。

(3) 自動車メーカーのプライシング

　自動車メーカーのプライシングは、商品企画の段階で競合車の価格や自社のラインナップとの整合性、ターゲット顧客の金銭感覚から、おおよその価格帯を決定し、開発段階で製造原価を考慮したコスト・プラス法や、広告宣伝での訴求力や顧客の心理を考慮した端数価格（200万円ではなく198万5千円）を用いて、最終価格を設定しています。

　自動車メーカーのプライシングは、2つの課題を抱えています。ひとつは、競合車とのスペック差調整です。カローラを、シビックと実質的に同一価格に設定する際、カローラはシビックよりも10馬力高いが、トルクは逆に2キロ低いとしたら、顧客はその差をいくらと評価するかという問題です。

　自動車メーカー側には、自社の原価や統計に基づく論理価格があります。しかし、顧客の評価は別の話です。

　もうひとつは、グレード・ミックスです。アッパー、ミドル、ロワーの3グレードを設けて、収益性の高いミドル・グレードを最量販グレードに設定します。宣伝の都合上、ロワー・グレードを安くしたために、ロワー・グレードばかりが売れてしまうことがあります。

　競合車よりも高いとみなされると売れなくなり、投資した資金回収が困難になります。また、企業が最も多くの販売を期待しているグレードとは異なるグレードが売れると、投資した資金回収が困難です。

(4) 自動車メーカーの価格戦略
①先進国では二極化の流れ +ECO対応

　世界の先進国における自動車市場では、「日々の移動手段としてのコア機能に特化することにより、低価格を実現する車」と、「移動手段以

外の快適性・満足感を最大限享受するための車」という消費者のニーズが存在します。

　低価格商品と高価格商品の二極化です。この二極化の流れに、二酸化炭素の排出規制や環境問題から、ECO対応したハイブリッド車に代表される環境対応車が加わっています。

　低価格製品と高価格製品の販売の伸び率は、中間価格の製品を上回っています。アメリカのサブプライムローンに端を発した世界同時不況の後は、低価格製品の伸び率のほうが高くなっています。

②自動車メーカーの方向性

　自動車メーカーの収益性を考えると、高価格製品は1台当たりの収益性は高いものの、販売台数は低価格製品が多く、販売価格×販売台数＝収益額で見ると、低価格製品のほうに分があります。

　付加価値が高く、高い利益が見込める高価格製品が大量に売れるのが望ましいのですが、販売価格と販売台数を同時に増加させることが困難なことも事実です。

　自動車メーカーは、高価格製品による高い販売価格の維持、低価格製品による販売台数の確保のどちらかを基本方針とし、商品開発やマーケティング展開を行います。

　ブランドが超過収益力をもたらす時代です。メーカーは中途半端な車よりも、コモディティ（手軽で低価格な移動手段）路線か、プレミアム（高付加価値・高価格）路線かを選択し、環境に対応した技術を前面に出すことで、差別化を進めていくことが求められます。

section 15　企業におけるプライシング活動の実際

企業の収益構造とプライシング（医薬品）

　医薬品メーカーのプライシングは、他の業界とは異なり、国の規制や薬事関連法規による規制など、プライシングに影響を与えるさまざまな要因があります。特許や管轄である厚生労働省の承認など、他の業界ではみられないさまざまな制約条件もあります。

　医薬品は、病院の処方箋によって販売されるもの、ドラッグストアやコンビニエンスストアで販売されているものがあります。病院の処方箋によって販売される医療用医薬品の価格は国が管理しています。規制緩和や情報公開が進む時代の流れに逆行するような制度ですが、医療費の抑制と医薬品産業の支援という、相反する課題のバランスを保つために、国が市場に介入しています。section15では、医薬品メーカーの収益構造とプライシングの関係について、紹介します。

(1) 医薬品とは

　医薬品は、医師が使用もしくは医師の処方箋等により供給される「医療用医薬品」と、「その他の医薬品」に分類されます。医薬品生産額全体のうち、医療用医薬品が9割程度を占めます。

　医薬品を製造する企業には、医療用医薬品とその他医薬品の両方を製造する「総合薬品メーカー」と、主として医療用医薬品を製造する「医家向け薬品メーカー」、及び一般用医薬品を製造する「大衆向けメーカー」があります。

　近年は、医薬品の特許切れに伴い、低価格で販売される後発医薬品（ジェネリック医薬品）も注目されています。医薬品の流通経路は、医

薬品の種類によって異なります。

(2) 医薬品メーカーの収益構造

　医薬品業界は、研究開発型といわれています。医薬品メーカーの売上高に対する研究開発費の比率は、全産業でトップクラスです。効果の高い薬剤を開発できなければ、確実に競争から脱落してしまうためです。研究開発費は年々増加しており、売上高に対する比率も高まっています。

　研究開発費増加の背景には、各メーカーの主力製品が2000年以降続々と特許切れを迎えていることが挙げられます。ピークは2010年前後といわれ、今後、複数の大手メーカーの収益悪化が予想されています。

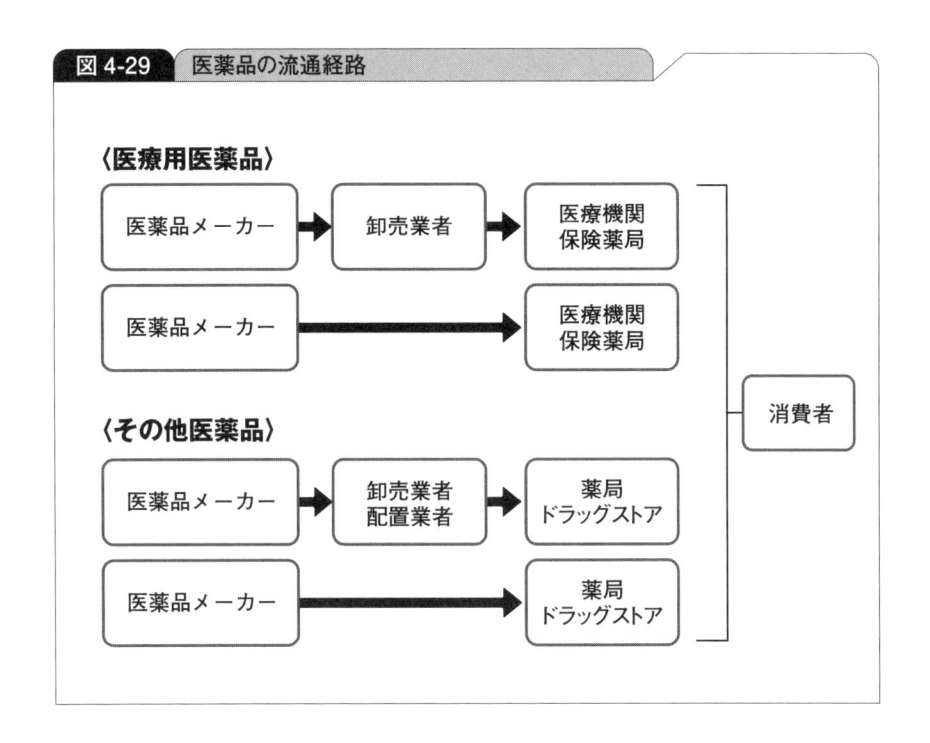

図 4-29　医薬品の流通経路

〈医療用医薬品〉
医薬品メーカー → 卸売業者 → 医療機関・保険薬局
医薬品メーカー → 医療機関・保険薬局

〈その他医薬品〉
医薬品メーカー → 卸売業者・配置業者 → 薬局・ドラッグストア
医薬品メーカー → 薬局・ドラッグストア

→ 消費者

図 4-30　医薬品メーカーの研究開発費の推移

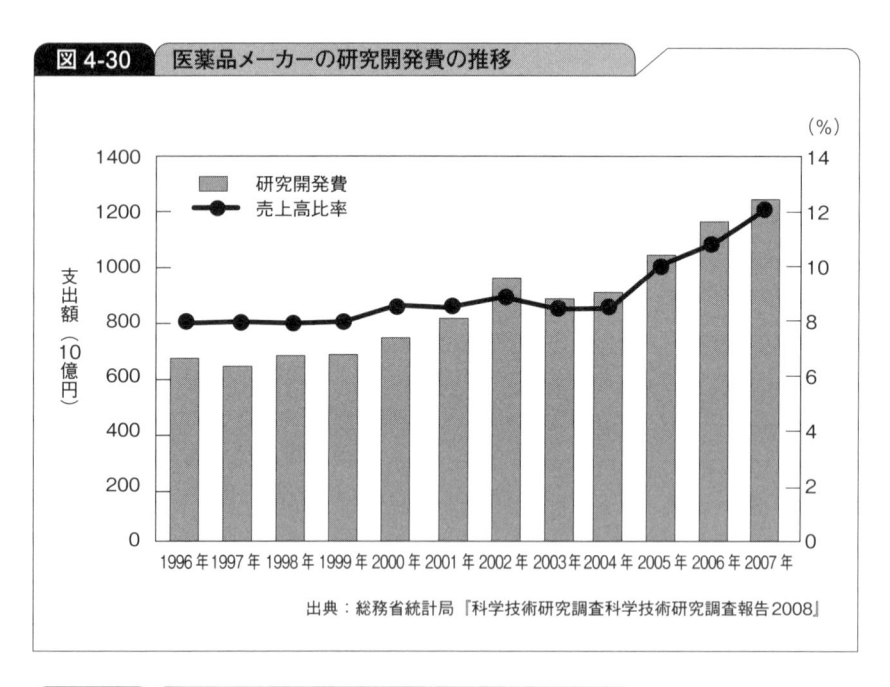

出典：総務省統計局『科学技術研究調査科学技術研究調査報告 2008』

図 4-31　主要メーカーの研究開発費（2008年度）

企業名	金額（億円）	売上高比率（%）
武田薬品	4,530	29.5
第一三共	1,845	21.9
アステラス	1,591	16.5
エーザイ	1,561	20.0
田辺三菱製薬	731	17.6
中外製薬	532	16.3
大日本住友製薬	528	20.0
塩野義製薬	528	23.2
小野製薬	384	28.1

出典：各社ホームページより作成

医薬品業界の企業は他業種の企業と比べ、少ない製品数で多大な利益を上げています。主力製品のひとつが特許を失うと売上も大きく減少するため、常に積極的な新薬開発を継続しなければなりません。

　新薬を1件生み出すためには、9〜17年の歳月と200〜300億円の投資が必要とされています。新規物質発見・合成から医薬品として製造・販売される確率は低く、医薬品メーカーの負うリスクは極めて大きいといえます。

　近年は、薬剤の安全性に対する規制が以前に増して厳しくなり、新薬の開発には、より大規模かつ長期にわたる臨床試験の実施が求められています。医薬品は少量の化合物でありながら、人間の健康維持と病気の治療という高い付加価値を有しています。

　売上に対する付加価値の割合を、付加価値率といいます。付加価値率を基準に各産業を比較すると、医薬品産業が高付加価値産業であることがわかります。

付加価値率＝付加価値÷売上高×100

　このように、新薬開発にはコストとリスクがありますが、新薬が発売されれば、特許の存続期間を通じて、医薬品メーカーの収益源となります。

図4-32　各産業別付加価値額

業種	製造品出荷額（百万円）	付加価値額（百万円）	付加価値率
医薬品	7,082,784	4,195,826	59.2%
電子部品・デバイス	20,935,923	6,999,918	33.4%
輸送用機械器具	63,910,025	17,690,628	27.7%
食料品	24,196,346	8,718,599	36.0%
鉄鋼	21,191,653	5,545,593	26.2%

出典：経済産業省経済産業局調査統計部『工業統計表2007』

新薬不足に陥り、市場に流通していた新薬の特許が切れると、医薬品メーカーの将来は危うくなります。

(3) 医薬品メーカーのプライシング
①薬価とは

わが国では、医療保険により治療に使える医薬品の範囲とその価格を、厚生労働省が定めています。医療保険により治療に使える医薬品の範囲とその価格を、薬価基準といいます。薬価基準は医療用医薬品のリストで、薬の価格表でもあります。

医療機関や保険薬局は、患者や健康保険組合に対して、患者に使用した薬剤費を薬価基準どおりに請求します。

薬価の算定には一定のルールがありますが、その詳しい基準は明示されていません。原則、研究開発費などのコストを基準とし、効能や効果が高い画期性のある新薬であれば、薬価は高く設定されます。

一方、発売開始後、長期間市場に流通している薬は「長期収載品」と評価されます。開発コストなどを十分に回収したと判断され、薬価改定時に薬価が大幅に引き下げられます。

薬価は、患者や健康保険組合に対しての価格であり、医薬品メーカーが販売する価格ではありません。医薬品メーカーから卸売業者、医療機関への医薬品の取引価格への規制はありません。医療機関は、メーカーや卸売業者から薬価よりも低い金額で医薬品を仕入れ、薬価で販売します。この儲けの部分を、薬価差益といいます。取引価格は多く購入したら安くなるため、通常の商取引と変わりません。薬価差益は医療機関の儲けを増やし、多剤投薬や高価薬の使用など薬漬け医療の原因ともされています。

1986年に23.0%だった薬価差（率）は、度重なる薬価切下げで、2004年には6.3%まで縮小しています。薬の維持・管理、期限切れ薬の処分

といった費用なども考えると、薬価差益どころか薬価差損を生じていると主張する人もいます。

医療法において、医療機関の営利追求は禁止されています。医療上、公定薬価と市場取引価格の差額についての見解は、まだ曖昧な部分が残ったままになっています。

②新薬の価格決定方法

臨床試験が終わり、薬として効用があることがわかると、メーカーは薬の製造販売承認を厚生労働省に申請します。厳重な審査を経て承認が得られると、単なる化学物質が初めて薬として認められ、医療用医薬品として薬価が決定されます。高いコストをかけて開発した新薬に薬価が高くつくのか低くつくか、によって売上や利益に大きな差がつきます。

新薬の薬価の決定は、原則として「類似薬効比較方式」が採用されます。類似薬効比較方式は効能や効果、主な薬理作用などが似ている既発売の薬品と比較して決める方法です。似ている薬が低薬価であれば新薬も安く、高薬価であれば高くなります。類似の比較薬がない場合は、原価計算方式が使われます。

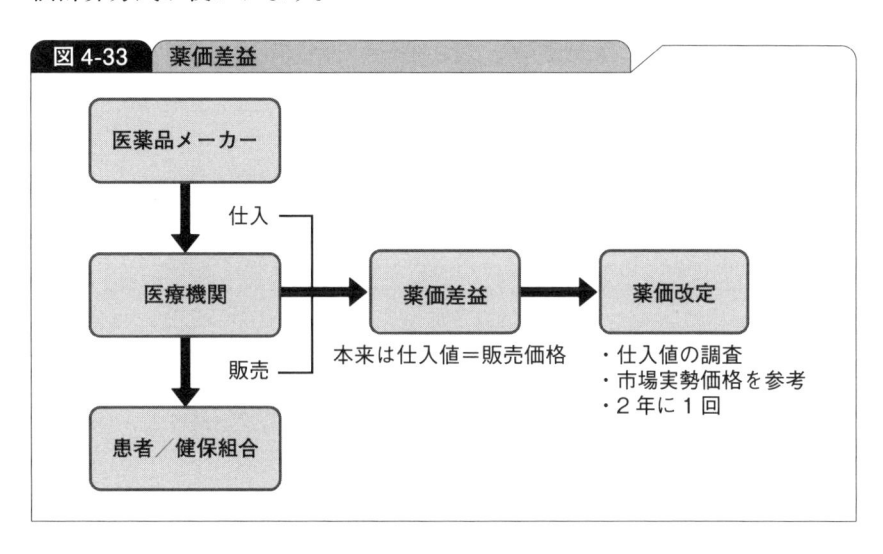

図4-33　薬価差益

医薬品メーカー
↓仕入
医療機関 → 薬価差益 → 薬価改定
↓販売
患者／健保組合

本来は仕入値＝販売価格

・仕入値の調査
・市場実勢価格を参考
・2年に1回

しかし、既存品より明らかに高い有効性、安全性を持つ新薬と認められれば、画期性加算、有用性加算、市場性加算の3つの補正加算がつけられます。画期性加算は平均40%、有用性加算1.5～15%、市場性加算は5～15%の範囲で加算されます。

　画期性加算は、(i) 新薬がまったく新しい着想で生まれ、(ii) 有用性または安全性が、客観的かつ科学的に立証され、(iii) 治療方法の改善・進歩に著しく貢献したときにつけられます。

　有用性加算は、画期性加算の要件を2つ満たした場合と、既存品に比べて明らかに高い有効性または安全性が客観的・科学的に認められるか、製剤学的な工夫によって、既存品より高い有用性が期待されるときにつ

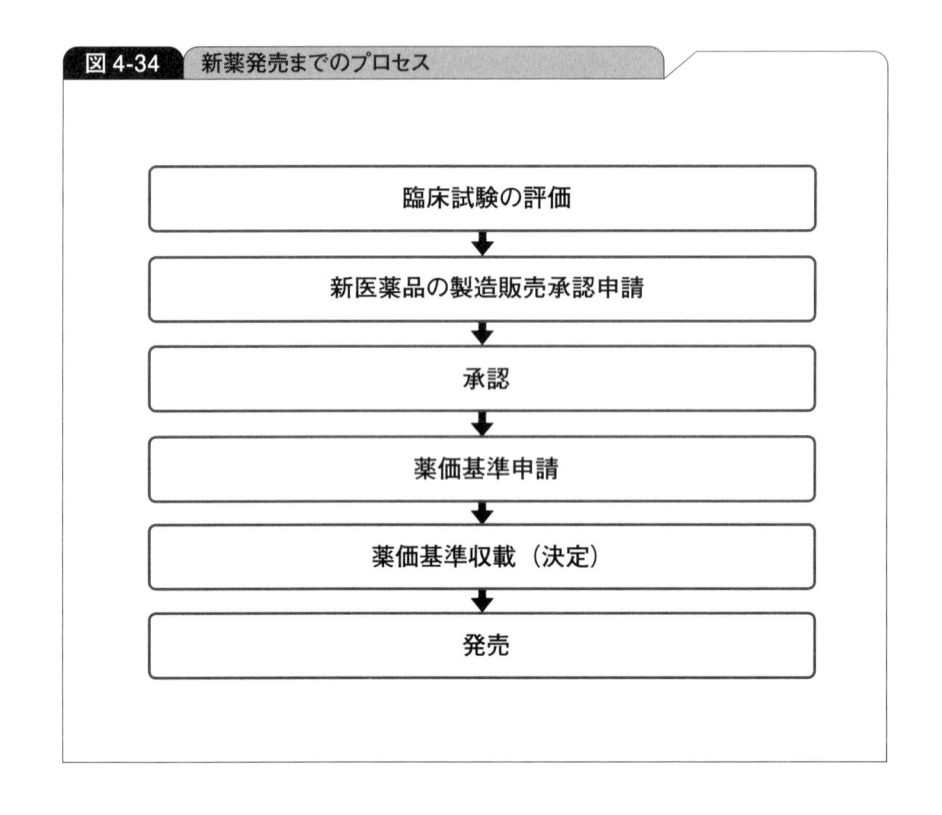

図 4-34　新薬発売までのプロセス

```
臨床試験の評価
    ↓
新医薬品の製造販売承認申請
    ↓
承認
    ↓
薬価基準申請
    ↓
薬価基準収載（決定）
    ↓
発売
```

けられます。

　市場性加算は、患者の少ない病気に用いる薬につけられる加算です。患者が少なく、売上増が見込めない薬はメーカーが開発をためらうことが多いため、これを支援する目的で設けられたものです。

　このように医療用医薬品の価格は、コストから価格を決める一般的な商品とは異なり、国や法律によるさまざまな規制の下に決められます。

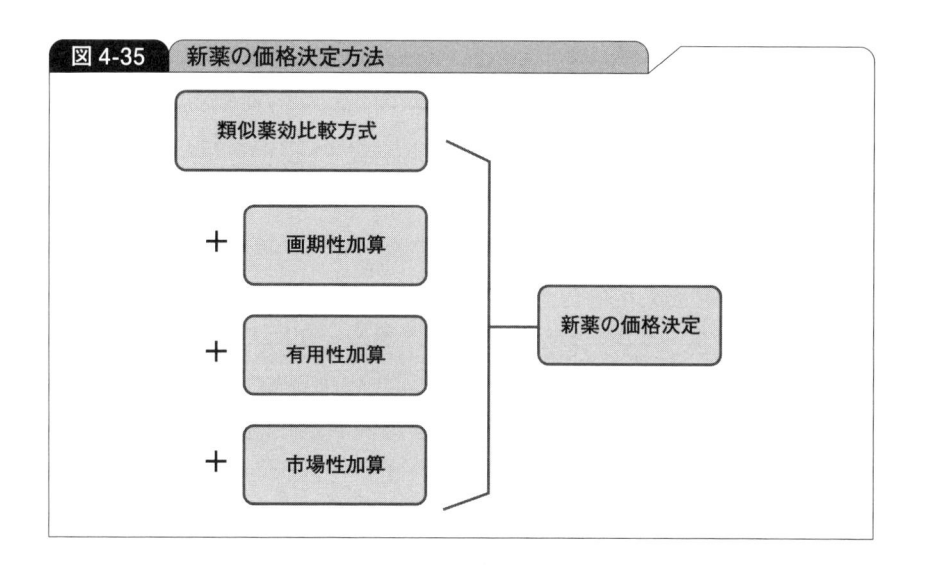

図 4-35　新薬の価格決定方法

類似薬効比較方式
＋ 画期性加算
＋ 有用性加算
＋ 市場性加算
→ 新薬の価格決定

section 16　企業におけるプライシング活動の実際

企業の収益構造とプライシング（家電）

　家電製品は医薬品とは異なり、製品のライフサイクルが短く、イノベーションを実現するような新製品を出し続けなければなりません。
　「3割引、4割引は当たり前」という言葉に代表されるようなディスカウント、韓国や中国から低価格商品が輸入されるなど、国際的な価格競争も激化しています。さらに、家電量販店のバイイングパワーが強まり、家電メーカーは値下げを余儀なくされて、収益が圧迫されています。
　家電メーカーは、多額の研究開発費を費やす一方で、低価格化競争の波に呑まれています。section16では、家電メーカーの収益構造と家電商品のプライシングについて、紹介します。

(1) 価格体系の変化～建値制からオープン価格制へ～

　PART4のsection10で紹介したように、建値制が崩壊してオープン価格制へ移行したことにより、価格競争が激化しています。建値制では、「メーカー希望小売価格」「標準小売価格」といった、家電メーカーが決定した価格で販売するために、自社の系列店を全国的に網羅し、系列店に価格維持を強制していました。メーカーは製品の値崩れを防ぎ、収益の安定化を図りました。
　松下電器（現・パナソニック）は、流通系列化により業績を伸張し、安定的な収益を確保していました。流通系列化は1970年代から変化します。総合スーパーやディスカウント・ストアが台頭して、系列店が弱体化してきました。メーカーは、製造コストに一定のマージンを乗せプライシングしていましたが、価格競争により値崩れが起き、小売店頭で

の実売価格が下がりました。

　大手量販店と系列店の小売店頭価格は異なり、系列店の顧客は大手量販店に奪われてしまいました。家電メーカーは両者の利害を調整するために、オープン価格制を推進しました。

　家電メーカーは、建値制からオープン価格制への移行で、「コスト」「需要」「競争」の3つの視点を考慮した「戦略的プライシング」を余儀なくされています。

(2) 家電メーカーの収益構造
①決算書から見る家電メーカーの収益構造

　家電メーカーは、製品を製造して販売する会社です。最も大きなコストは製品の製造原価です。

　図4-36は、2007年度の有価証券報告書から作成した、パナソニックとソニーのコスト構造の比較です。

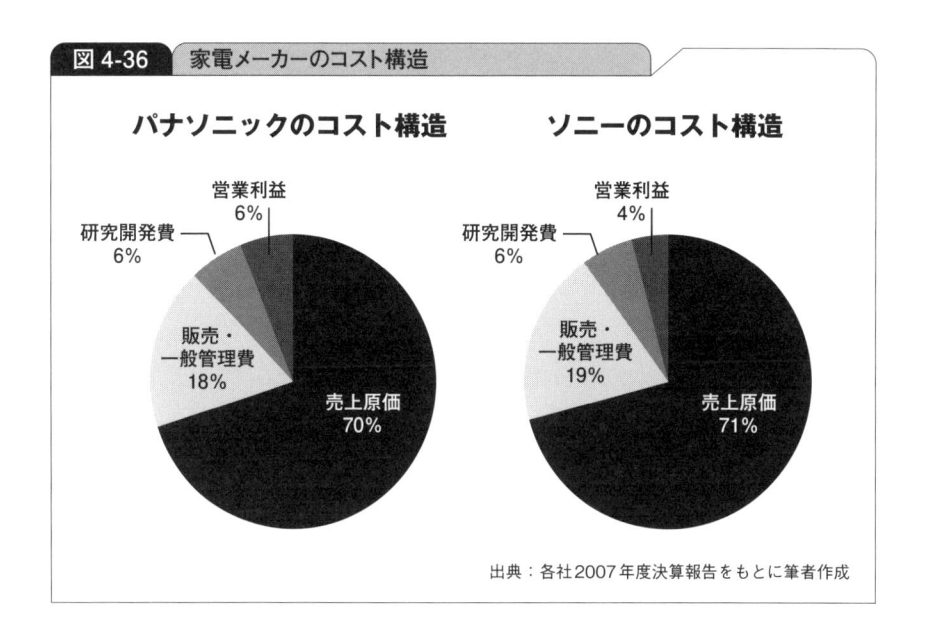

図4-36　家電メーカーのコスト構造

パナソニックのコスト構造
- 営業利益 6%
- 研究開発費 6%
- 販売・一般管理費 18%
- 売上原価 70%

ソニーのコスト構造
- 営業利益 4%
- 研究開発費 6%
- 販売・一般管理費 19%
- 売上原価 71%

出典：各社2007年度決算報告をもとに筆者作成

コスト構造を見ると、両社とも似ています。売上原価率は約70%で、在庫コストや営業費用を含めた販売費・一般管理費は約20%です。家電を販売して得られる営業利益は、全体の約6%しかありません。

　デジタル家電は、「利益なき競争」と呼ばれています。デジタルカメラやDVDレコーダーが急速に市場を伸ばした一方で、熾烈な価格競争の結果、利益率が低下したことが原因です。

　家電メーカーでは、設備投資額と研究開発費も必要です。設備投資額は、家電メーカーが自社工場で生産するために必要な経費です。

　研究開発費の大きさに注目すると、両社とも設備投資額を超える費用をかけています。家電製品は「技術集約型」産業であり、他社に先駆けるためには、研究開発に基づく付加価値の高い技術開発が重要です。

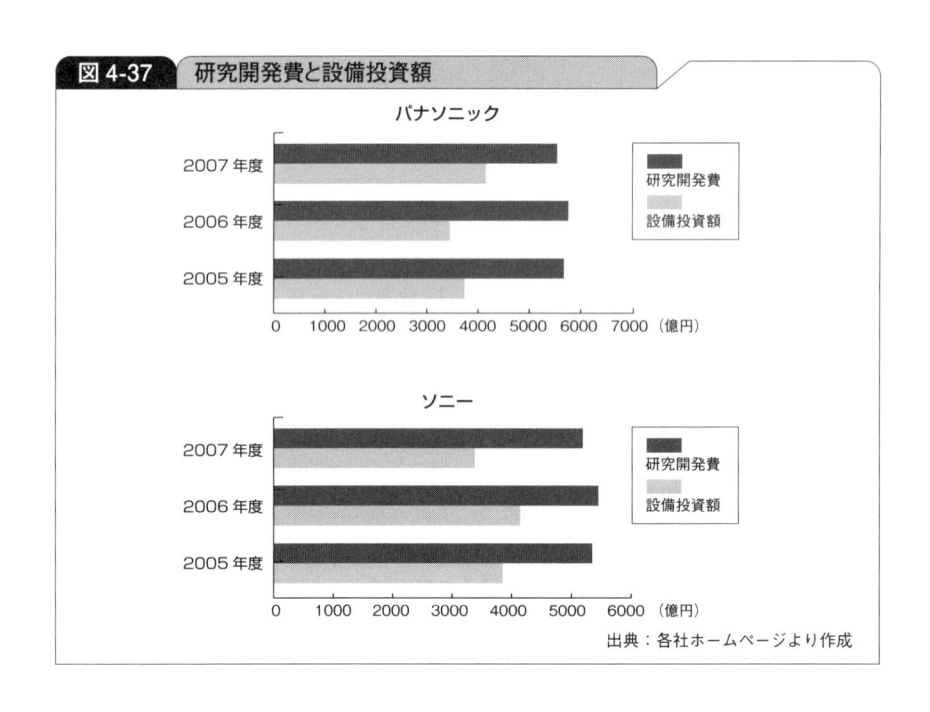

図 4-37　研究開発費と設備投資額

出典：各社ホームページより作成

②家電メーカーの利益率の向上策

　家電メーカーが利益率を向上させるためには、大きな割合を占める売上原価率を下げることが必要です。売上原価率を下げるためには、生産拠点を海外へ移管したり、新半導体の採用などによってパーツ数を減らすことが必要です。

　しかし、技術開発に力を注いで熾烈な価格競争をくぐり抜けても、純利益は全体の数パーセントです。製品を大量に販売しなければ、必要な利益額を確保することは困難です。

(3) 家電メーカーのプライシング
①メーカー希望小売価格と店舗ごとの価格差

　新製品の価格が、小売店によって違うことはよくあります。消費者にとって、安いことは歓迎すべきことですが、なぜ価格差が生じるのでしょうか。

　家電メーカーは、直系の販売会社（卸売業）に対して製品を出荷し、販売会社は一定のマージンを上乗せして、系列の小売店や家電量販店に販売しています。小売店では、卸売価格に利益や社員の人件費、光熱費などのコストを上乗せして、消費者への販売価格を決定します。これが、一般的な商品の流れとプライシングの仕組みです。

　店頭に並んでいる商品の値札を見ると、「メーカー希望小売価格」という文字を見かけます。メーカー希望小売価格は、流通経路を経て最終的に小売店が適正利益を得られるようにメーカーが算出した金額です。メーカーが、小売店に売って欲しいと希望する価格です。

　メーカー希望小売価格は、どの小売店が販売しても必ず利益が出るよう算出された金額です。しかし、小売店の規模や経費に応じて利益額は異なります。小売店は自社の経営体力に応じて、販売価格に差をつけることが可能です。

②複雑なリベートの存在

　小売店の仕入量や支払方法に応じて、メーカーが支払うリベートは複雑です。

　例えば、A店が50台仕入れた製品を、B店は100台仕入れてA店と同じ期間で販売したら、メーカーへの貢献度に差が出ます。支払いに関しても、現金の支払いと90日後に現金化される手形の支払いでは異なります。

　メーカーは、貢献度に応じてさまざまなリベートを小売店に与えています。小売店は、仕入数量や支払い方法に応じたリベートを事後的に受け取ることにより、製品1台当たりの仕入価格は、実質的に下がることになります。

　オープン価格制への移行に伴い、メーカーはリベートの廃止に踏み切っています。建値制では、小売店頭での実売価格が下がると希望小売価格の差額をメーカーが補填するために、拡販費、価格調整費等の名目でリベートを追加提供してきました。

　旧松下電器は、リベート金額が多額になることや取引条件が複雑、不透明になることからリベートを廃止して、実売価格から逆算して納入価格を決めるNET価格方式に変更しました。NET価格方式は、ソニーや他のメーカーでも導入されています。しかしNET価格方式の導入後も、リベートは数量割引や現金割引という形で残っています。

　一度に商品を大量に仕入れる家電量販店と中小の系列店との間に販売価格の開きが出てくるのは、こうした仕組みによるものです。メーカーは消費者に安心して買ってもらうために価格を維持したいところですが、量販店にリベートを支払ってでもシェアを伸ばしたいという考えもあります。大型家電量販店のバイイングパワーが強まり、仕入価格の値下げ圧力も強くなっています。

図 4-38　優越的地位の濫用

小売業者
・自社販売商品の購入希望
・返品を強要
・作業員派遣強要
・協賛金等の負担強要
・システム費用負担強要

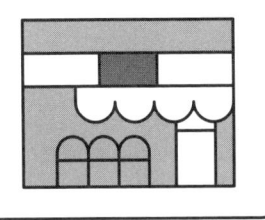

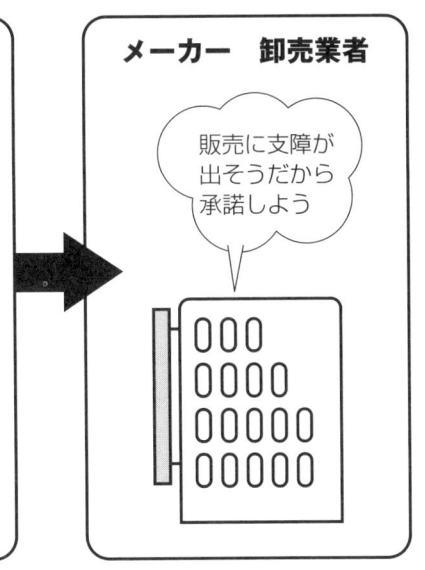

メーカー　卸売業者
販売に支障が出そうだから承諾しよう

小売業はメーカー・卸にさまざまな要求を突きつける

section 17　企業におけるプライシング活動の実際

企業の収益構造と
プライシング（小売業）

　小売業のプライシングは製造業とは異なり、商品を仕入れて販売するビジネスモデルであるため、マーク・アップ法でプライシングしています。

　小売業は、消費者がほしい商品を、ほしいときに、ほしい数量を、ほしい価格で、ほしい場所で提供することが最大の責務です。

　小売業の代表は、百貨店とGMS（総合スーパー）です。しかし、近年、百貨店やGMSの業績が低迷しています。

　ファーストリテイリング（ユニクロ）やヤマダ電機のように、商品を絞り込み、低価格で販売している専門店は健闘しています。衣料品や家電製品は、百貨店やGMSでも販売されていますが、専門店とは価格が異なります。低価格販売の要因は、専門性のある品揃えに絞っており、仕入方法を含めた収益構造が異なるためです。

　section17では、小売業の収益構造とプライシングについて、紹介します。

(1) 百貨店と GMS（総合スーパー）

　これまでわが国の小売業を牽引してきたのは、百貨店、スーパーといった総合品揃型の業態です。しかし、百貨店とGMSの売上は年々減少しており、かつてない構造不況に苦しんでいます。百貨店では、伊勢丹と三越の経営統合に代表されるM&A（企業の合併・買収）を通じた再編の流れが加速しています。

コンビニエンスストアや食品スーパー、ユニクロやヤマダ電機に代表されるカテゴリーキラーといわれる専門店は、大きく売上を伸ばしています。

総合的な品揃えが強みの百貨店やGMSの売上が減少する中で、特定分野に絞り込み、深い専門性と低価格を武器とするカテゴリーキラーに顧客を奪われています。

(2) 衣料品の低迷

商品分類別に売上高の推移をみると、衣料品の売上減少が目立ちます。百貨店は、衣料品が売上全体の約37%を占めており、売上全体に与える影響は大きくなります。衣料品の売上減少は、衣料品販売の比率が高いGMSの業績にも影響を与えています。

衣料品は、食料品と比べて粗利益率が高く、販売不振は利益率の悪化にもつながります。

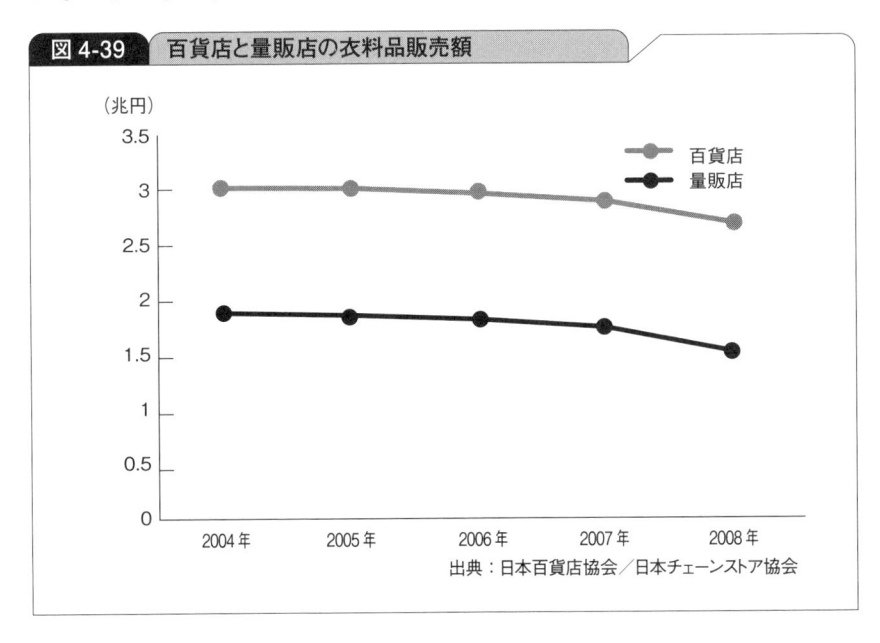

図 4-39　百貨店と量販店の衣料品販売額

(兆円)

出典：日本百貨店協会／日本チェーンストア協会

衣料品は、景気の影響を受けやすいことが販売不振の原因のひとつですが、百貨店やGMSが、消費者の望む品揃えや価格設定ができていないことにも原因があります。
　ユニクロなどの衣料品専門店は、不況下でも健闘しています。健闘の理由は、品揃えや収益構造が百貨店やGMSとは異なるからです。

(3) 百貨店やGMSの収益構造
　百貨店やGMSの収益構造で検討しなければならないのは、商品販売による粗利益率です。仕入への値入率がポイントとなります。値入率は仕入方法により異なります。百貨店やGMSの仕入方法には、以下の3つの形態があります。

①買取仕入
　買取仕入は、普通仕入ともいいます。仕入と同時に商品の所有権が小売店側に移る方式で、返品しないことを原則としています。メーカーや卸売業者（以下、メーカー等）にとっては有利です。ただし、売れ残り商品は、新商品との交換という形で、実質的に返品される場合もあります。

②委託仕入
　小売店が、メーカーや卸売業者から商品を預かり、販売を委託される形式です。商品の所有権はメーカーや卸売業者にあり、小売店は保管責任を負いますが、売れ残り商品はメーカーや卸売業者が引き取ります。

③売上仕入
　消化仕入ともいいます。我が国の百貨店独特の方法で、売れた分だけ百貨店の仕入となります。販売中の商品の所有権・保管責任はメーカーや卸売業者にあります。
　価格設定もメーカーや卸売業者が行い、販売が終了した時点で百貨店の仕入が計上される仕組みです。衣料品をはじめ、生鮮食品も売上仕入

方法を採用しています。

　百貨店やGMSにとってリスクの低い仕入方法は「売上仕入→委託仕入→買取仕入」の順です。よって、値入率は「売上仕入→委託仕入→買取仕入」の順で高くなります。

　衣料品の利益率が高いのは、売上仕入でも在庫のリスクはメーカーにあり、汚損や盗難のリスクもメーカーにあるため、百貨店やGMS側はまったくリスクがなく、値入率＝粗利益率となるからです。

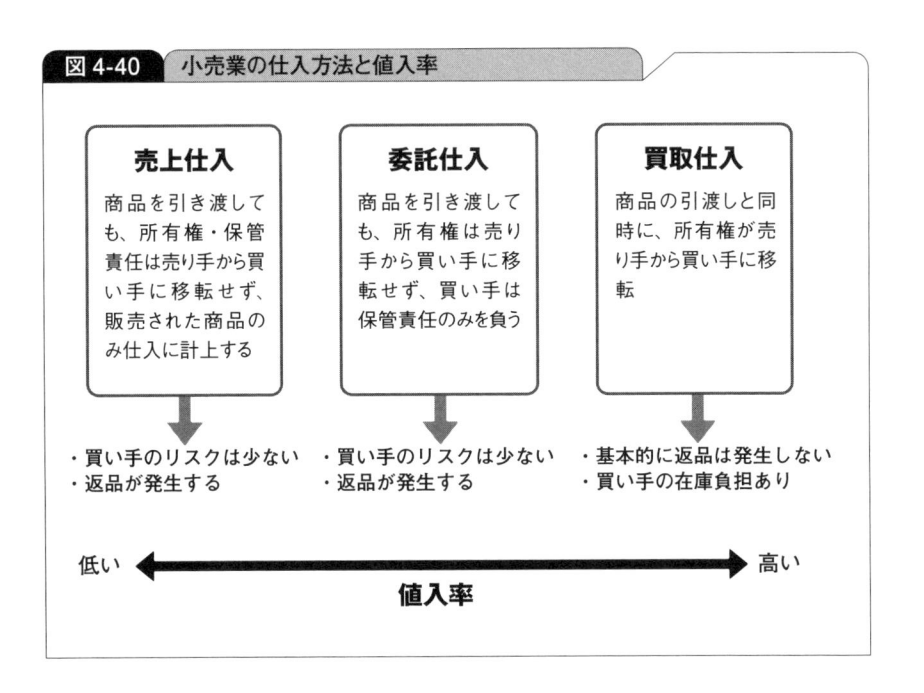

図4-40　小売業の仕入方法と値入率

売上仕入	委託仕入	買取仕入
商品を引き渡しても、所有権・保管責任は売り手から買い手に移転せず、販売された商品のみ仕入に計上する	商品を引き渡しても、所有権は売り手から買い手に移転せず、買い手は保管責任のみを負う	商品の引渡しと同時に、所有権が売り手から買い手に移転
・買い手のリスクは少ない ・返品が発生する	・買い手のリスクは少ない ・返品が発生する	・基本的に返品は発生しない ・買い手の在庫負担あり

低い ←―――――――― 値入率 ――――――――→ 高い

PART 4　企業におけるプライシング活動の実際

(4) なぜ衣料品販売は低迷しているのか

　厳しい経営環境下でも、売上を伸ばしているユニクロで販売されている衣料品と、百貨店やGMSで販売されている衣料品では、同じような商品でも価格が大きく異なります。その理由のひとつに、百貨店で行われている売上仕入によるマーク・アップがあります。

　百貨店やGMSの衣料品のプライシングは、メーカーが製品リスクを負うため、メーカーがプライシングを行い、百貨店やGMSは製品を何％で仕入れるかという「掛率」で取引します。消費者に販売する価格のことを「上代」といい、百貨店に納入する価格を「下代」といいます。

　百貨店からみれば、上代は売価（販売価格）で、下代は原価（仕入値）となります。マーク・アップ（値入）は、メーカーと掛率を仕入形態によって事前に取り決めるため、自動的に販売価格が決定されます。

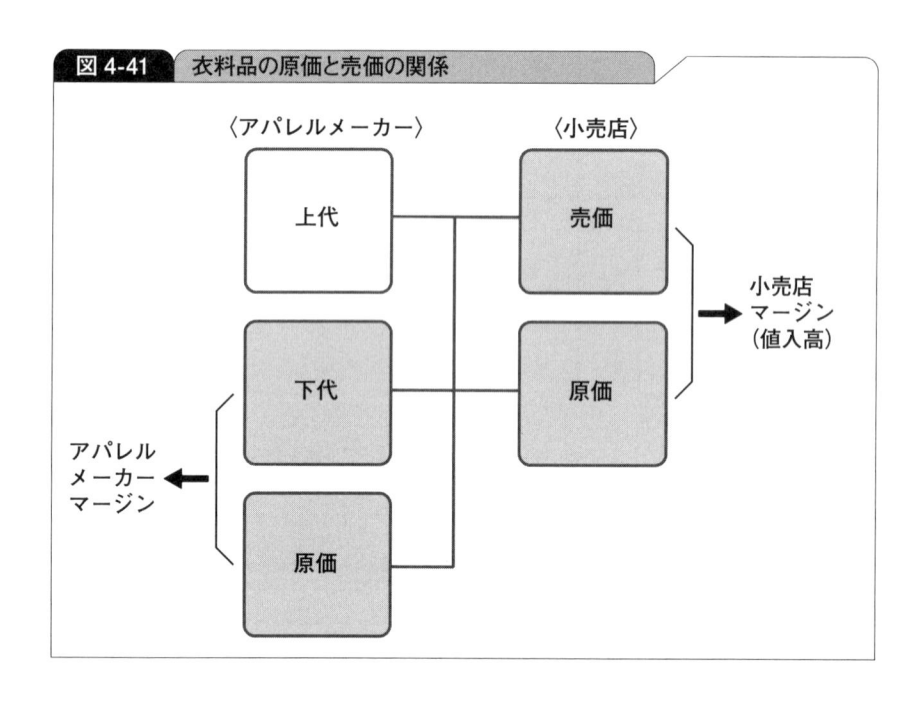

図 4-41　衣料品の原価と売価の関係

〈アパレルメーカー〉　　〈小売店〉

上代 ─ 売価

下代 ─ 原価

原価

小売店マージン（値入高）

アパレルメーカーマージン

消費者の需要や競争をまったく考慮せず、メーカーに対しての値引き要請のみで原価（コスト）低減の努力をしない、「戦略なきプライシング」を行っています。これが百貨店やGMSの衣料品販売低迷のひとつの要因です。

　ユニクロは自社で製造して販売する（SPA：製造小売業）として、「コスト」「需要」「競争」の観点からプライシングを行い、低価格を提供することで業績を伸ばしています。

(5) 小売店の「悪しき商慣行」

　小売業界には、悪しき商慣行が残っています。「リベート」と「協賛金制度」です。

　リベートは、ビールメーカーを筆頭に加工食品や日用品のメーカーがリベートを廃止しています。協賛金は小売店のイベントのたびに取引先に請求され、セール協賛金、新店協賛金、年末協賛金などさまざまあります。現金だけでなく、人材派遣を求められる場合もあります。

　ただし、協賛金を求められた取引先は、このコストをその小売店の卸売価格に上乗せするため、協賛金を請求する小売業は他社と比較して、高い価格で商品を仕入れています。小売業にとって損なことなのですが、商慣行として根強く残っています。

section 1　プライシングの計数管理
section 2　損益分岐点分析の活用
section 3　初回値入率と実現値入率の理解
section 4　GMROIの概念と算出方法

PART 5

プライシングの計数

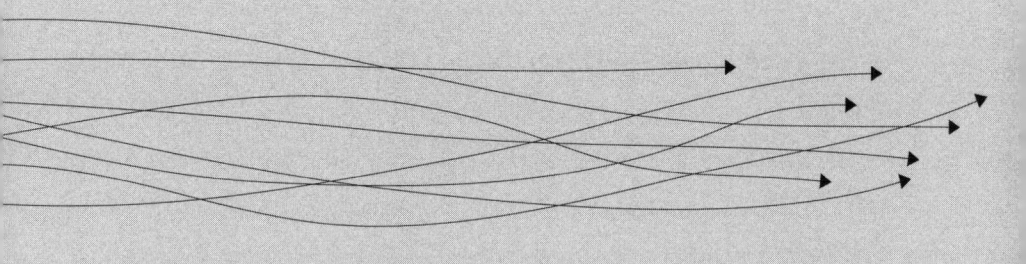

企業が利益を確保するためには、
売価をいくらにしたらよいか？
初回値入率と実現値入率の違いは？
小売店の店舗や営業の現場で
活用できる公式を理解する

section 1　プライシングの計数

プライシングの計数管理

　企業の利益とプライシングには、どのような関係があるのでしょうか。食品スーパーでは、商品を消費者に販売することで利益を獲得しています。

　食品スーパーの店頭価格は、商品の仕入価格に食品スーパーの儲けである利益をプラスして設定されます。販売した商品の売上総利益から、パートやアルバイトの人件費や水道光熱費など、販売にかかった費用である販売費及び一般管理費を差し引いたものが食品スーパーの営業利益です。

　「利は元にあり」という言葉があるように、売上総利益で儲けがなければ、当期純利益は獲得できません。企業が価格変更をすると、収益構造に影響が生じます。企業経営では、どれだけ価格を引き下げると、どれだけの収益、または損失が発生するかを数値で把握する必要があります。

　数値で企業の収益構造を把握するためには、「計数」の理解が必須です。「計数」は広辞苑によると、計算すること、またその結果の数値を意味しています。経営におけるバロメーターである「計数」を管理し、計画を立て、経営環境の変化にも対応できるようにしましょう。

(1) 計数管理と損益計算書
①損益計算書の構造

　企業は一定の期間に、営業活動をしてどれだけ儲けが出たか、または損をしたかという収益と費用の状況を把握しなければなりません。

損益計算書の役割は、「企業の経営成績を示すこと」と「配当できる利益を計算すること」です。企業を取り巻く取引先、顧客、株主などの外部利害関係者は、損益計算書の情報を用いて各種の意思決定をします。
　損益計算書の収益は、企業に利益をもたらす取引です。収益には売上高のほかに営業外収益に含まれる預金などの受取利息や特別利益に含ま

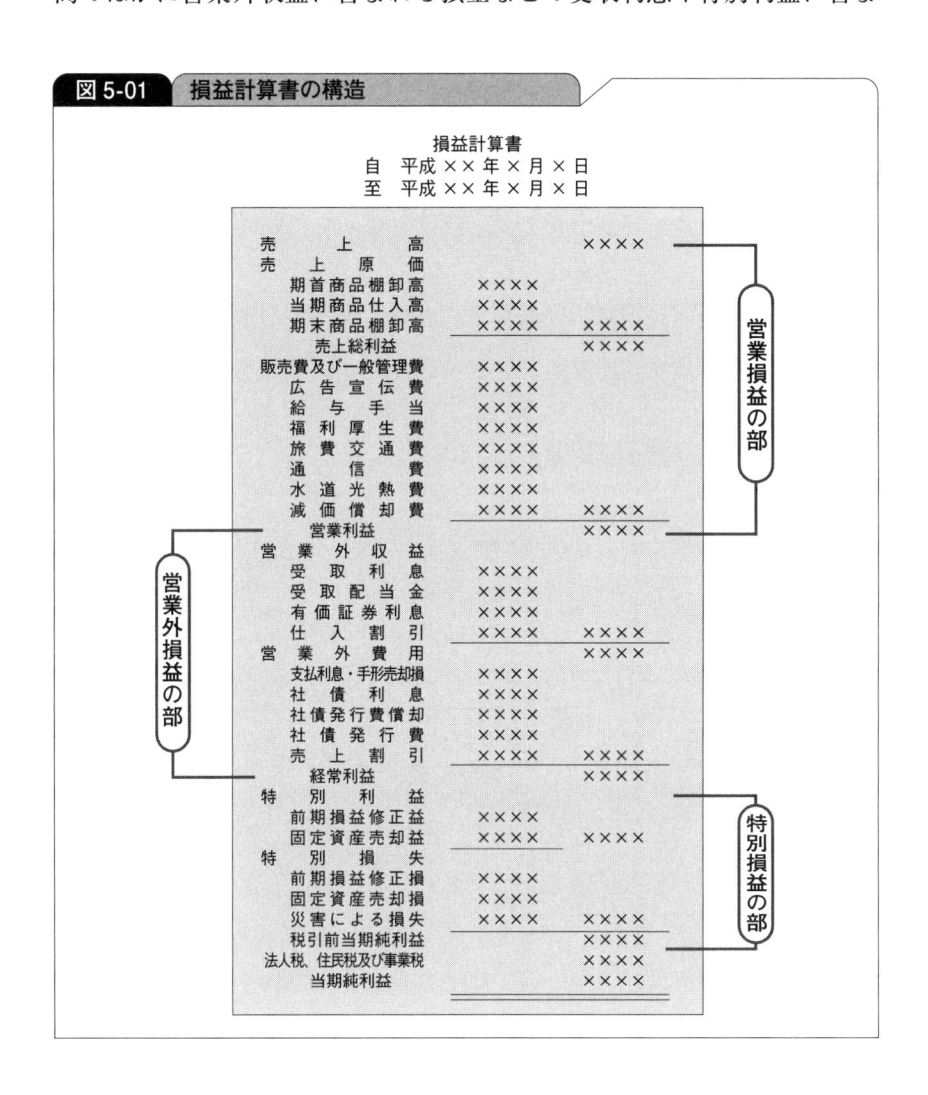

図 5-01　損益計算書の構造

損益計算書
自　平成××年×月×日
至　平成××年×月×日

売　　上　　高		××××
売　上　原　価		
期首商品棚卸高	××××	
当期商品仕入高	××××	
期末商品棚卸高	××××	××××
売上総利益		××××
販売費及び一般管理費	××××	
広　告　宣　伝　費	××××	
給　　与　　手　　当	××××	
福　利　厚　生　費	××××	
旅　費　交　通　費	××××	
通　　信　　費	××××	
水　道　光　熱　費	××××	
減　価　償　却　費	××××	××××
営業利益		××××
営　業　外　収　益		
受　取　利　息	××××	
受　取　配　当　金	××××	
有　価　証　券　利　息	××××	
仕　　入　　割　　引	××××	××××
営　業　外　費　用		××××
支払利息・手形売却損	××××	
社　債　利　息	××××	
社　債　発　行　費　償　却	××××	
社　債　発　行　費	××××	
売　　上　　割　　引	××××	××××
経常利益		××××
特　別　利　益		
前期損益修正益	××××	
固定資産売却益	××××	××××
特　別　損　失		
前期損益修正損	××××	
固定資産売却損	××××	
災害による損失	××××	××××
税引前当期純利益		××××
法人税、住民税及び事業税		××××
当期純利益		××××

（営業損益の部：売上高〜営業利益）
（営業外損益の部：営業外収益〜経常利益）
（特別損益の部：特別利益〜税引前当期純利益）

れる土地を売却したときの有形固定資産売却益などがあります。

費用とは、企業に損失をもたらす取引です。売上原価に含まれる商品の仕入代金、販売費及び一般管理費に含まれる給与手当や営業外費用に含まれる借入金の支払利息などがあります。

計数管理の基本は、損益計算書の「売上高」と「利益」、「費用」を把握することです。

②プライシングと損益計算書の科目

損益計算書の売上高は、企業の経営成績を示します。売上高の大・小で店舗や会社の規模を推測することができ、売上高が伸びているのなら、成長性のある企業と判断できます。儲けを多くしたいのなら売上高を伸ばすことを第一に考えます。

利益には、売上総利益、営業利益、経常利益、税引前当期純利益、当期純利益があります。プライシングにおいて考慮すべきは、売上総利益

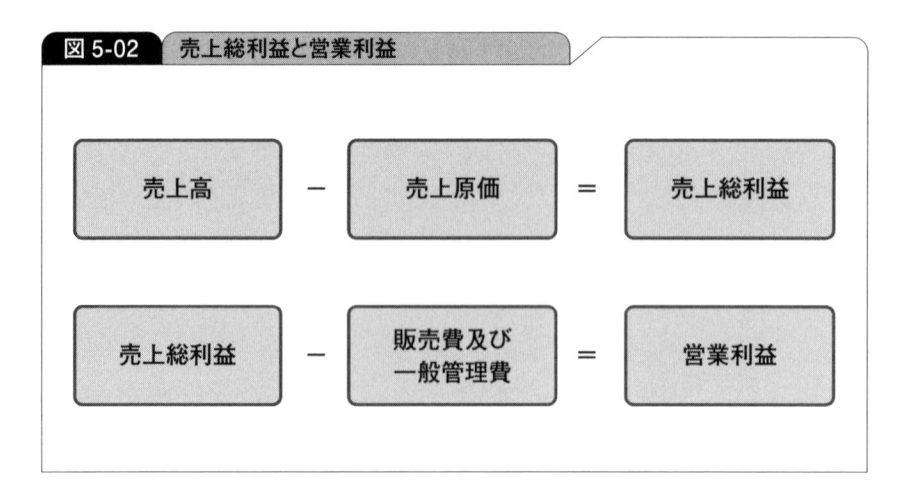

図 5-02　売上総利益と営業利益

売上高 － 売上原価 ＝ 売上総利益

売上総利益 － 販売費及び一般管理費 ＝ 営業利益

と営業利益です。

売上総利益は粗利益ともいい、売上高から売上原価を差し引いた利益です。これは、一会計期間の販売活動により得られた利益であり、企業

の製品や商品の収益力を明らかにします。

　営業利益は、売上総利益から販売費及び一般管理費を差し引いた利益です。販売費及び一般管理費には、社員・パート・アルバイトの給与や広告宣伝費、水道光熱費などがあります。営業利益は、企業の製品や商品の収益力に加え、販売力や管理力を示しています。

(2) 売上高に関する計数
　プライシングに必要な、売上高や利益に関係する「計数」を紹介します。
①売上高の構造式Ａ

> 売上高＝売上原価＋粗利益
> 売上高＝売上原価【↓】＋粗利益【↑】

　最も基本的な公式です。売上高は、売上原価と粗利益（売上総利益）で構成されていることを表しています。売上原価が大きくなれば、粗利益が小さくなり、売上原価が小さくなれば、粗利益が大きくなります。
②売上高の構造式Ｂ

> 売上高＝客数×客単価
> 売上高【↑】＝客数【↑】×客単価【↑】

　売上高を顧客の視点から捉えた公式です。売上高の増加には、客数の増加、顧客1人当たりの買上金額である客単価の増加が必要です。

(3) 利益に関する計数
①製品・商品力を分析する粗利益率と売価値入率

$$粗利益率（\%）= \frac{粗利益}{売上高} \times 100$$

$$売価値入率（\%）= \frac{値入高}{売価} \times 100$$

実際に商品が売れた場合に得られる予想利益を「値入高」といいます。商品が実際に売れた後は「粗利益」といいます。

マーク・アップ法のマージンを、小売業では「値入」といいます。値入は企業の収益に影響します。値入率の分母が販売価格（売価）のため、売価値入率といいます。

②利益と損失を見極める損益分岐点売上高

$$損益分岐点売上高 = \frac{固定費}{1-変動費率}$$

損益分岐点売上高とは、損失も利益も発生しない売上高です。

損益分岐点売上高を活用して、目標とする営業利益を獲得するために必要な売上高や、目標売上高を達成するためのプライシングに活用できます。

(4) 効率性に関する計数

売上高や利益とともに、効率性も重要な計数です。商品を安く大量に仕入れても、売れ残ると収益になりません。効率性に関する代表的な計数を紹介します。

①在庫の効率性と棚卸資産回転率

$$棚卸資産回転率 = \frac{売上高}{平均棚卸資産} （回転）$$

棚卸資産回転率は、製品や商品などの効率性を示す指標です。棚卸資産は、決算日における「在庫」です。棚卸資産には、商品・製品・半製品・仕掛品・原材料・貯蔵品が含まれます。

企業における棚卸資産管理は、「過剰在庫の防止」と「欠品の防止」です。簡単なようですが、両者のバランスをとることは困難です。企業は両者のバランスをとり、「適正在庫」を維持します。

企業は、過剰在庫を防止するため在庫を最小限にします。過剰在庫は、

「売れ残り」という形で倉庫に保管されます。現金として回収できないばかりでなく、倉庫の保管料もかかります。

近年、小売業では店舗面積のうち倉庫のスペースを極力減らし、売場のスペースを拡大しています。

長期間在庫として滞留していると、商品の陳腐化や商品の減耗が起こります。商品が破損したときには、廃棄に要する費用がかかります。過剰在庫は企業のコストを増大させ、プライシングにも影響します。

過剰在庫にならないように、過少在庫を維持していると欠品が生じます。欠品には表面上のコストはかかりません。

しかし、欠品していると顧客が商品を購入するときに機会損失を起こします。顧客の欲しい商品が欠品していると、魅力のない店舗となり、長期的には顧客離れによる売上高減少となります。

②棚卸資産回転率が低い製品の留意点

棚卸資産回転率が低い場合、棚卸資産全体で良し悪しを把握するのではなく、製品や商品ごとに分析します。回転率が高い商品と回転率が低い商品があります。

例えば、貴金属や宝石などは回転率が低く、利益率は高い商品が多く、生鮮食品などは回転率が高く、利益率は低い商品が多いです。

複数の種類の商品を取り扱う場合、商品別に回転率とともに利益率も把握する必要があります。

回転率・利益率が低くても、主力商品の販売のために必要な商品には注意しましょう。自社の戦略上必要な商品を排除することはできません。

例えば、「環境にやさしい」をコンセプトにしている企業が、環境に配慮した商品を取り扱う場合です。

排除すべき商品は、自社の戦略上重要性が低く、回転率・利益率がともに低い商品です。

③棚卸資産回転率の改善

製造業では、仕掛品や半製品を減少させることも回転率の改善に必要です。仕掛品や半製品は、そのままでは出荷できません。そこで、材料から完成品までの時間を短縮することにより、回転率を向上させます。

　小売業では、商品を納品してから売場に陳列するまでの時間を短縮します。倉庫にある商品は、販売に結びつきません。倉庫保管の短縮により、販売機会の損失を防止することができます。

④収益性と効率性のバランスを分析するGMROI

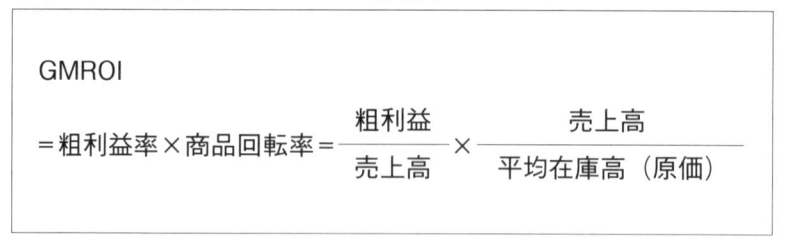

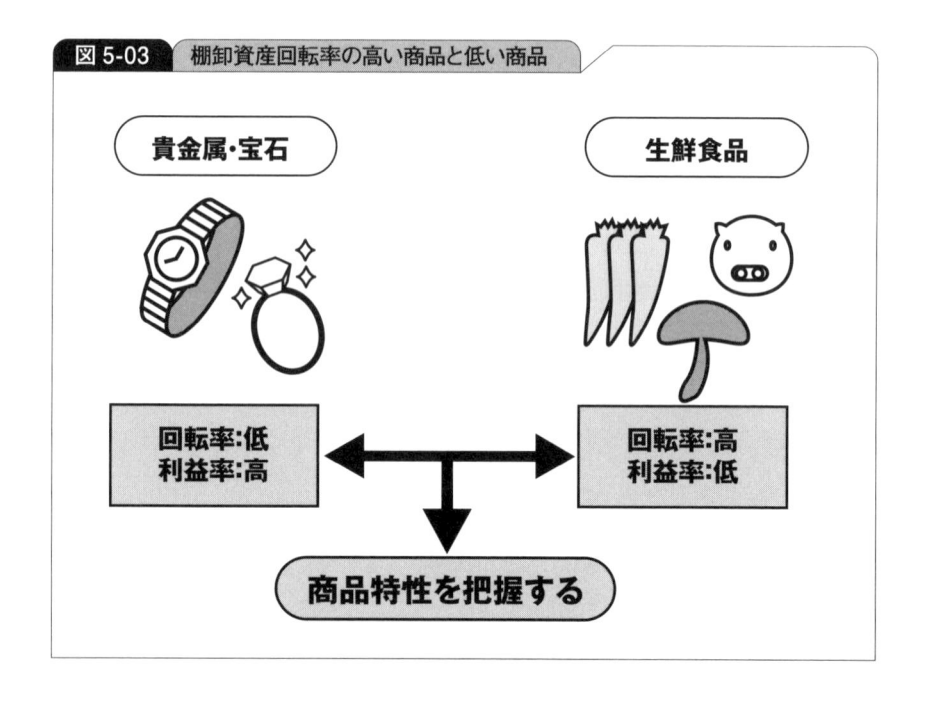

$$\text{GMROI} = 粗利益率 \times 商品回転率 = \frac{粗利益}{売上高} \times \frac{売上高}{平均在庫高（原価）}$$

図5-03　棚卸資産回転率の高い商品と低い商品

貴金属・宝石 —— 回転率:低　利益率:高

生鮮食品 —— 回転率:高　利益率:低

→ 商品特性を把握する

GMROI(Gross Margin Return On Inventory Investment)は、収益性を示す粗利益率と、効率性を示す商品回転率の両方を考慮した計数です。商品の販売効率を評価する指標で、粗利益率に商品回転率を乗じて算出します。

小売業は高利益率・高回転率の商品が理想ですが、一般的に粗利益率の高い商品は、回転率が低くなります。GMROIは、粗利益率と商品回転率を考慮するため、プライシングや品揃えに有効です。

GMROIは在庫金額を原価で算出します。在庫金額を売価で算出する計数を「交差比率」といいます。小売業では、簡便な交差比率が使われています。

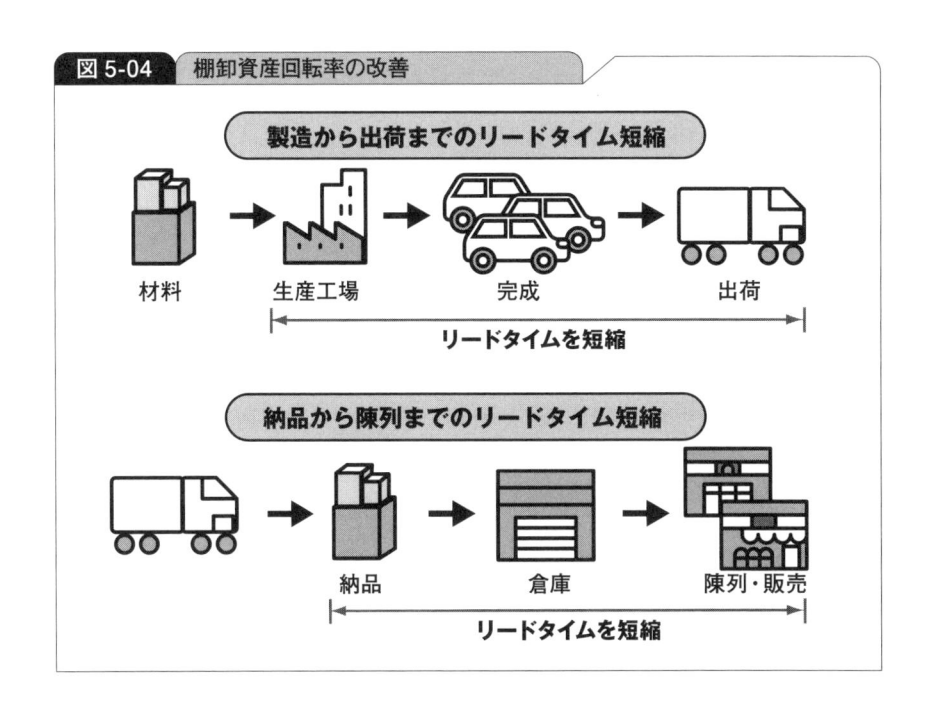

図5-04 棚卸資産回転率の改善

製造から出荷までのリードタイム短縮

材料 → 生産工場 → 完成 → 出荷

リードタイムを短縮

納品から陳列までのリードタイム短縮

納品 → 倉庫 → 陳列・販売

リードタイムを短縮

section 2　プライシングの計数

損益分岐点分析の活用

　価格決定は、コスト志向型プライシング、需要志向型プライシング、競争志向型プライシングを考慮することが望ましいと紹介しました。
　このうち、コスト志向型プライシングは、「コスト」という企業内部の情報に着目した価格設定法であり、定量化、数値化したものを判断材料としてプライシングします。
　判断材料として活用できる手法のひとつに、損益分岐点分析があります。損益分岐点分析はCVP分析ともいわれ、Cost（原価）、Volume（販売量・売上高）、Profit（利益）から構成されています。

(1) 企業の損失と利益の分岐点を見極める損益分岐点

　損益分岐点（BEP：Break Even Point）とは、売上高=総費用となる点です。ここでは、利益がゼロとなります。企業にとっては、最低限達成しなければならない売上高・販売量です。売上高が損益分岐点を上回ると利益が発生し、下回ると損失が発生します。
　損益分岐点売上高と比較することにより、現在の売上高が損益分岐点売上高に対してどのような位置にあるかを把握します。
　損益分岐点の把握により、現在の経営状態を正確に把握するとともに、企業がより利益を獲得できる強い経営体質に改善するためのヒントになります。損益分岐点の図5-05を見ながら、構造を理解しましょう。

　図5-05の右上がりの売上高線と総費用線の交点が、損益分岐点になります。総費用は、右上がりの変動費と横軸に平行な直線の固定費の合計

図 5-05　損益分岐点図表

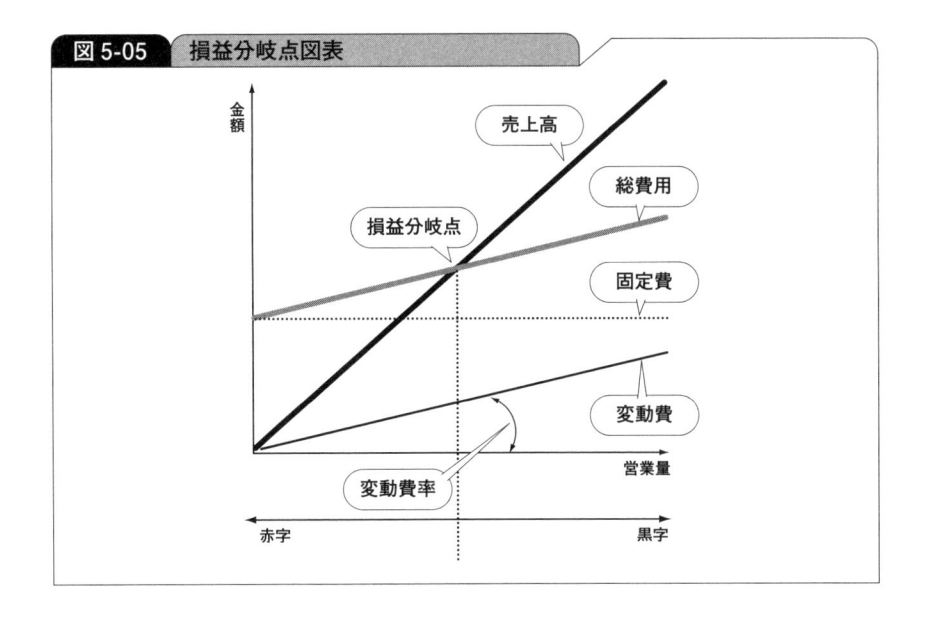

（固定費＋変動費）です。

　変動費の傾きは変動費率になります。横軸の営業量は、売上高や生産量で表示されることもあります。

　損益分岐点よりも右側は、売上高が総費用よりも大きいため、利益がプラスになっています。左側は、売上高が総費用よりも小さいため、損失が発生しています。Kスーパーの簡略損益計算書のデータを用いて、実際に損益分岐点を計算しましょう。

【ケース１：Kスーパーの簡略損益計算書】

（単位：千円）

売上高	50,000
売上原価	35,000
人件費	12,000
営業利益	3,000

損益分岐点分析では、総費用を変動費と固定費の2つに分解します。総費用とは、一般的に製造原価と販売費及び一般管理費の合計です。

総費用は、生産販売した製品数量（営業量）との関係で変動費と固定費の2つに分類されます。

①変動費の性質と種類

変動費は、製品の生産・販売量の増加（減少）に伴って比例的に増加（減少）する費用です。

非製造業である小売業では売上原価、製造業では直接材料費、外注加工費、買入部品費、間接材料費などがあります。

②固定費の性質と種類

固定費は、製品の生産販売量の増減にかかわらず常に一定額発生し、変化しない原価のことです。直接労務費（時間給部分は除く）、減価償却費、保険料、電気料、ガス料、水道料、不動産賃借料などがあります。

Kスーパーの簡略損益計算書では、売上原価は変動費、人件費は固定費になります。

(2) 損益分岐点売上高の公式の導出

損益分岐点売上高は、営業利益がゼロとなる売上高のため、図5-06のように公式を導くことができます。売上高から変動費をマイナスした利益を、限界利益といいます。

公式に、簡略損益計算書の数値を当てはめて計算すると、次のとおりになります。

$$限界利益 = 売上高 - 変動費 = 50,000千円 - 35,000千円 = 15,000千円$$

$$限界利益率 = \frac{限界利益}{売上高} = \frac{15,000千円}{50,000千円} = 0.3$$

図 5-06　損益分岐点売上高の公式の導出

```
営業利益がゼロとなる売上高
          ↓
売上高－変動費－固定費＝0
          ↓ 式を移項すると、
売上高－変動費＝固定費
          ↓ 売上高－変動費＝限界利益といい、
限界利益＝固定費
          ↓ 限界利益＝売上高×限界利益率であるため、
売上高 × 限界利益率＝固定費
          ↓ したがって、
損益分岐点売上高＝ 固定費 / 限界利益率
```

$$損益分岐点売上高 = \frac{固定費}{限界利益率} = \frac{12,000千円}{0.3} = 40,000千円$$

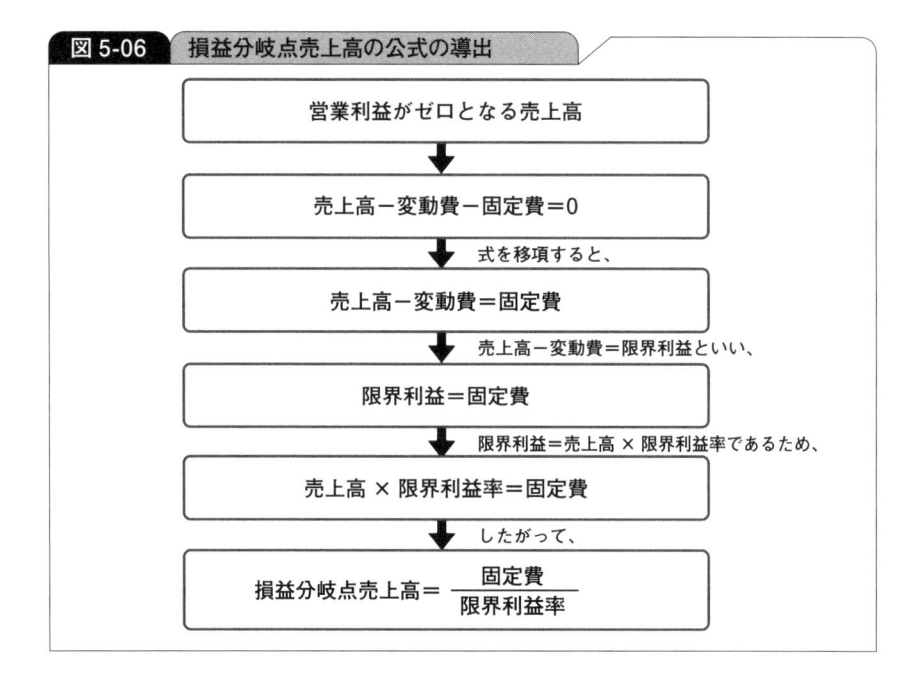

※限界利益率は、$1 - \dfrac{変動費}{売上高}$でも算出できます。

　Kスーパーの損益分岐点売上高は40,000千円で、現在の売上高が50,000千円です。Kスーパーは黒字であることがわかると同時に、売上高が40,000千円を下回ると赤字になることもわかります。

(3) 損益分岐点売上高の公式の導出【補足】

　もう少し詳細な導出方法を紹介します。売上高、費用、利益の一般的な関係は、次の算式で表すことができます。売上高、費用、変動費、固定費、利益の関係を式で示すと、次のようになります。
①基本式：売上高＝変動費＋固定費＋利益

②基本式から損益分岐点売上高を求める公式を求めます。売上高をS、変動費をV、変動費率をv、固定費をF、利益をPとします。

　S（売上高）－V（変動費）－F（固定費）＝P（利益）

③変動費は、売上高×変動費率となります。

　S－(S×v)－F＝P

④損益分岐点売上高では、利益がゼロのため、P＝0　とします。

　S－Sv－F＝0　　S(1－v)＝F　　$S=\dfrac{F}{(1-v)}$

⑤損益分岐点売上高の公式が導出されます。

$$損益分岐点売上高 = \dfrac{固定費}{(1-変動費率)}$$

(4) 目標利益確保のために必要な売上高の算出

　企業の経営目的のひとつは、利益を獲得することです。損益分岐点公式を用いて、目標利益を達成する売上高を算出します。

　Kスーパーで、来期の営業利益を現状の3,000千円から6,000千円に増加させたい場合、売上高はいくら増加させる必要があるでしょうか。

【ケース2：Kスーパーの営業利益増加】

(単位：千円)

売上高	60,000	← 売上高の増加
売上原価	42,000	← 60,000（千円）×(1－0.3)
人件費	12,000	← 固定費のため一定
営業利益	6,000	→ 6,000（千円）に増加

　目標利益達成売上高とは、目標利益を達成するための売上高や生産販売量です。公式は次のとおりです。

$$\text{目標利益達成売上高} = \frac{\text{固定費} + \text{目標利益}}{\text{限界利益率}}$$

上記の公式に当てはめて計算します。

$$\text{目標利益達成売上高} = \frac{12,000 \text{千円} + 6,000 \text{千円}}{0.3} = 60,000 \text{（千円）}$$

Kスーパーが、目標利益を6,000千円確保したいならば、売上高を60,000千円に増加させる必要があります。

(5) 損益分岐点分析を活用したプライシング

目標利益を達成する売上高へ、どのようにして売上高を伸ばせばよいのでしょうか。売上高と客数・客単価の関係を確認しましょう。

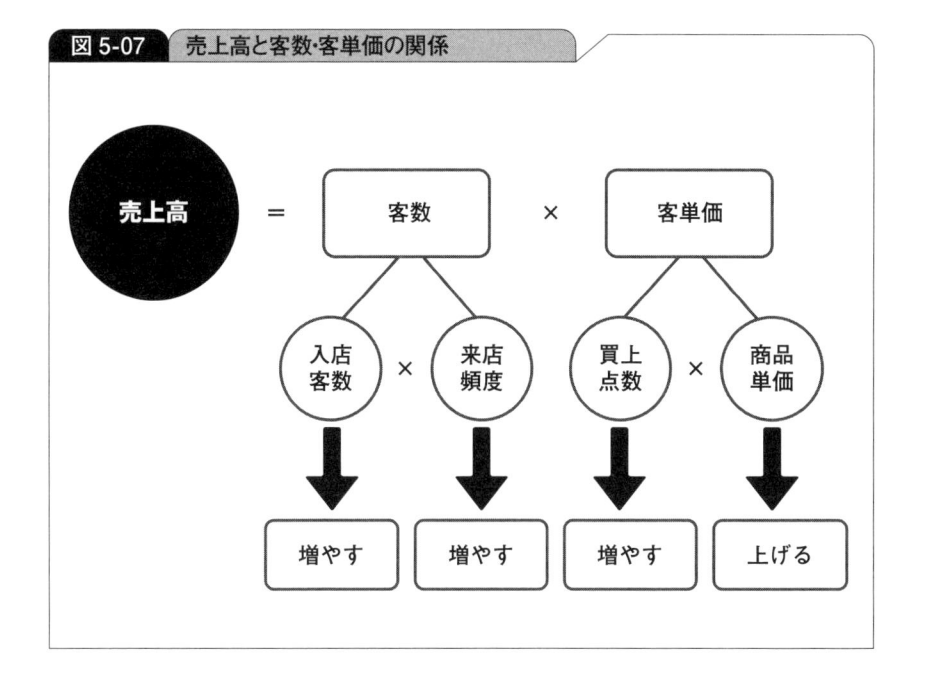

図5-07　売上高と客数・客単価の関係

売上高 ＝ 客数 × 客単価

- 客数 ＝ 入店客数 × 来店頻度
- 客単価 ＝ 買上点数 × 商品単価

- 入店客数：増やす
- 来店頻度：増やす
- 買上点数：増やす
- 商品単価：上げる

売上高の増加には、客数の増加や客単価の増加が必要です。客単価の増加のためには、商品単価を上げることも手段のひとつです。

値上げは、需要や競争環境の考慮が必要ですが、損益分岐点分析を活用したプライシングとして【ケース3】を考えましょう。

【ケース3：Kスーパーの販売推移量の減少をカバーする値上げ】

Kスーパーでは、単一の商品のみ販売しています。【ケース1】の売上高50,000千円は商品単価が1,000円のとき、販売数量は50,000個になります。

損益分岐点売上高の販売数量は何個でしょうか。損益分岐点売上高は40,000千円です。販売数量は、40,000千円÷1,000円＝40,000個です。

目標利益6,000千円を達成するための販売数量は何個でしょうか。目標利益達成売上高は60,000千円です。目標利益達成売上数量は、60,000千円÷1,000円＝60,000個です。

現在の販売数量の50,000個しか商品の仕入れができない場合、目標利益達成売上高を確保するためには、商品単価を60,000千円÷50,000個＝1,200円に値上げしなければならないことがわかります。

(6) 値下げをした場合の売上高

競合他社との競争の激化で値下げを余儀なくされた場合、現在の営業利益を確保するために、いくらの売上高が必要でしょうか。

【ケース4：Kスーパーの値下げをカバーする売上高】

商品全体の粗利益率を値下げにより5%下げた場合、現在の営業利益3,000千円を確保する売上高を考えましょう。

Kスーパーでは粗利益率＝限界利益率のため、粗利益率が5%下がることは、限界利益率も5%下がることを表しています。

$$目標利益達成売上高 = \frac{12{,}000\text{千円} + 3{,}000\text{千円}}{0.3 - 0.05\,(5\%\text{の値下げ})} = 60{,}000\text{千円}$$

　現状の売上高50,000千円から、値下げで粗利益率が減少したため、1.2倍の60,000千円の売上高が必要です。

　損益分岐点売上高の活用により、値下げや値上げの際に、目標利益を確保するための売上高を算出できます。

section 3　プライシングの計数

初回値入率と実現値入率の理解

　コスト・プラス法は、主に製造業で用いられるプライシング手法で、小売業で用いられる場合には、マーク・アップ法といわれます。
　小売業では、仕入価格に必要な利益を加算します。必要利益の加算を小売業では「値入（マーク・アップ）」といいます。
　値入に対する理解は、小売業のプライシングの出発点です。正しく理解しましょう。

(1) 小売業の利益を確保する値入の理解

　値入額とは、商品の売価と原価の差額です。原価に値入額をプラスすることをマーク・アップともいい、仕入れた商品の売価設定方法です。
　ある商品の仕入原価が1,000円で売価が1,200円なら、値入額は、売価1,200円－仕入原価1,000円＝200円になります。
　売価や原価に対する値入の割合を値入率といいます。

①売価値入率の算出方法
　売価値入率は、値入額を売価で除して求めます。

$$売価値入率（\%）＝\frac{値入額}{売価}\times 100$$

②原価値入率の算出方法
　原価値入率は、値入額を原価で除して求めます。

$$原価値入率（\%）= \frac{値入額}{原価} \times 100$$

　仕入原価が1,000円、売価が1,200円、値入額が200円の商品の売価値入率と原価値入率を計算します。

$$売価値入率 = \frac{200}{1,200} \times 100 ≒ 16.7\%$$

$$原価値入率 = \frac{200}{1,000} \times 100 = 20\%$$

　同じ値入額でも、売価値入率のほうが原価値入率よりも計算結果は小さくなります。売価値入率と原価値入率の両方が使われるケースもあるため、両方とも理解しましょう。

(2) 値入率と粗利益率の違い

　値入率と粗利益率は、数値が異なるため注意が必要です。小売業が仕入れた商品を値下げせず、残らずに売れれば数値は等しくなります。しかし、売れ残りや値下げが、どうしても発生します。値入から値下げやロスを差し引いた、小売業の実質的な儲けを粗利益といいます。

　次の図5-08では、当初、1,000円で仕入れた商品に200円の値入をして、1,200円での販売を見込んでいたことを示しています。このとき、売価値入率は16.7%です。

　売れ残りによる値下げやロスが、100円生じました。値下げとロスが生じたことにより、粗利益率は9.1%になります。

$$粗利益率 = \frac{100}{1,100} \times 100 ≒ 9.1\%$$

値入率は、仕入時点の商品売価や仕入原価と値入額の比較です。一方、粗利益率は売上高と粗利益の比較です。したがって、粗利益率のほうが、値入率より時間的には後から算出されます。

(3) 初回値入率は仕入段階での値入率

商売は相手がいるため、当初予定していた価格では売れないことがあります。値下げ（値引き、プライスダウン、またはマーク・ダウンともいいます）をしなければ売れ残ることもあります。

商品を仕入れたとき、最初につける値入率のことを初回値入率といいます。初回値入率は仕入段階の値入率です。初回値入率の公式は次のとおりです。

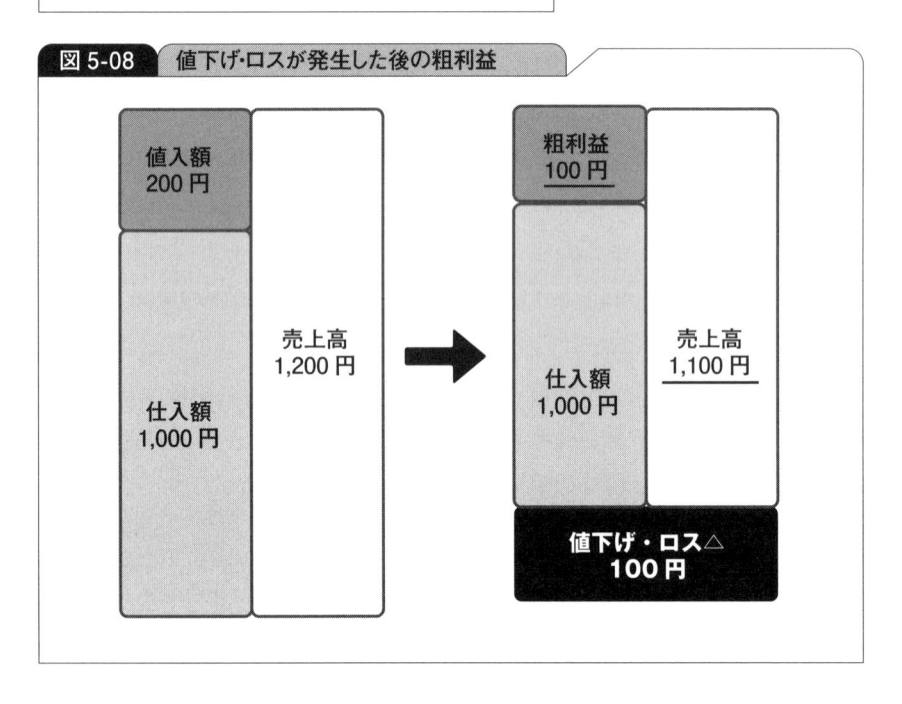

$$初回値入率（\%） = \frac{初回値入額}{初回売価} \times 100$$

図 5-08　値下げ・ロスが発生した後の粗利益

値入額 200円	売上高 1,200円	→	粗利益 100円	売上高 1,100円
仕入額 1,000円			仕入額 1,000円	
				値下げ・ロス△ 100円

初回値入率は、商品を仕入れたときの値入額（初回値入額）を、初回売価で除して求めます。1,000円で仕入れた商品に500円の値入額を設定すると、初回値入率は33.3%となります。

$$初回値入率 = \frac{500}{1,000 + 500} \times 100 ≒ 33.3\%$$

(4) 実現値入率は最終的に商品を販売したときの値入率

実現値入率とは、最終的に商品を販売したときの値入率です。実現値入率の公式は次のとおりです。

$$実現値入率（\%） = \frac{初回値入額 - 値下げ額}{初回売価 - 値下げ額} \times 100$$

実現値入率は、初回値入額から値下げ額を引いた金額を、最終売価（初回売価−値下額）で除して求めます。公式からわかるように、値引額がある場合、実現値入率は初回値入率よりも小さくなります。

1,000円で仕入れた初回売価1,500円の商品を、1,200円へ300円値引きすると、実現値入率は16.7%となります。

$$実現値入率 = \frac{500 - 300}{1,500 - 300} \times 100 ≒ 16.7\%$$

初回値入率33.3%の商品は、300円の値下げにより、実現値入率が16.7%へと低下します。

(5) 粗利益確保のためのプライシング

小売業にとって、粗利益の確保は売上高の確保と同様に重要な経営目標です。値下げは小売業にとって、実現値入率の減少をもたらします。初回値入率と実現値入率の差が大きければ大きいほど、仕入時点に予定していた粗利益の確保が難しくなります。

section 4　プライシングの計数

GMROIの概念と算出方法

　値入（マーク・アップ）によるプライシングは、粗利益率が高い商品は儲かると考え、仕入価格と値入率（粗利益率）を判断材料として売価を設定します。

　顧客の低価格志向に対応するためには、粗利益率のみの判断だけでなく、商品回転率も加味して個々の商品を評価します。

　判断材料にはGMROI（Gross Margin Return On Inventory Investment）が用いられます。

　section4ではGMROIの基本概念を説明した後、GMROIを活用したプライシングについて紹介します。

(1) GMROIと交差比率

　GMROIを日本語訳すると、商品投下資本粗利益率となります。商品の生産性を判定する指標のひとつで、手持ちの在庫投資で、どの程度粗利益を獲得しているかを示します。

　GMROIの数値が大きければ大きいほど、商品に投下した資本の効率が良いことを表します。

　値入率が高く売価も高い商品が、1年に2個しか売れなかったらどうでしょうか。いくら値入率が良くても粗利益は稼げません。値入が少なくても、商品回転率を重視して、安い売価を設定したほうが、粗利益の絶対額を確保できます。

図 5-09　商品回転率の考え方

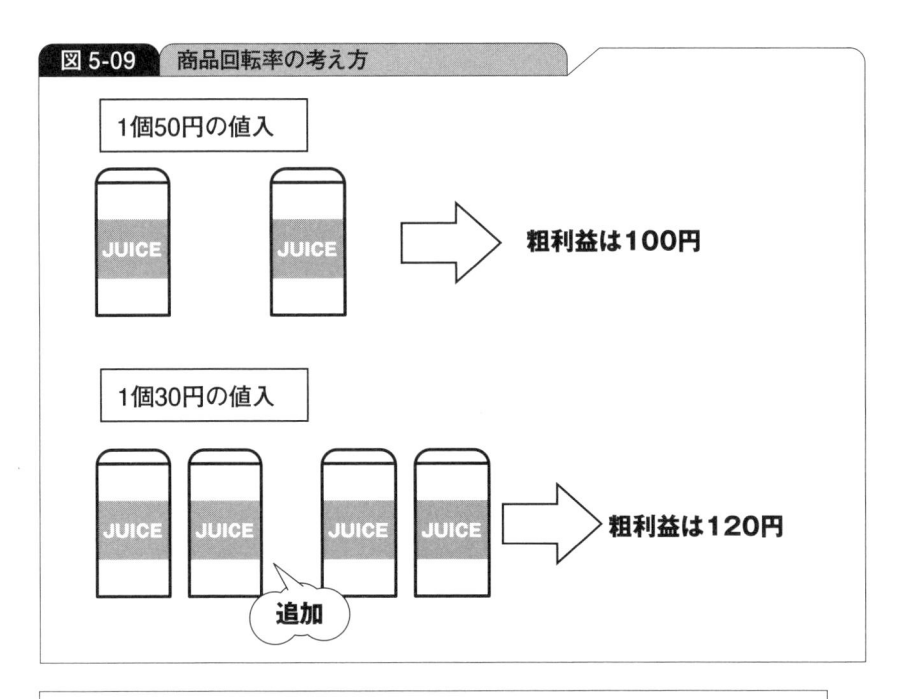

1個50円の値入

粗利益は100円

1個30円の値入

追加

粗利益は120円

$$GMROI (\%) = \frac{粗利益}{平均在庫高（原価）} \times 100$$

$$= \frac{粗利益}{売上高} \times \frac{売上高}{平均在庫高（原価）} \times 100$$

$$= 粗利益率（\%）\times 商品回転率（原価）$$

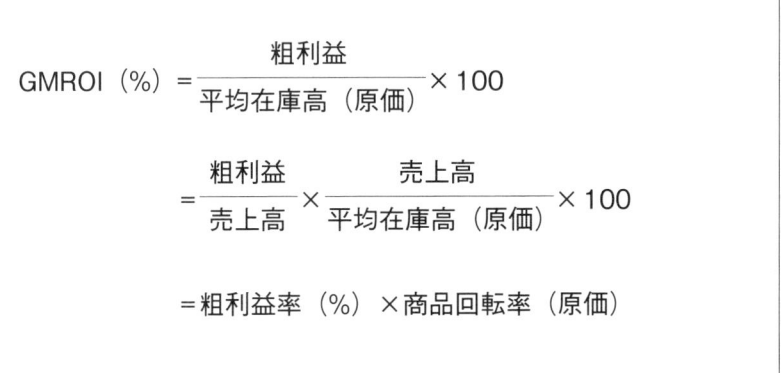

　GMROIは、上記のように粗利益率×商品回転率（原価）に分解できます。一般的に粗利益率が低い商品ほど商品回転率が高く、粗利益率が高い商品ほど、商品回転率が低い傾向にあります。

　GMROIとよく似た指標に、交差比率があります。交差比率は日本の

小売業で広く使われています。

　交差比率はGMROIとほぼ同じ概念ですが、商品回転率（＝売上高÷平均在庫高）の平均在庫高が原価ではなく売価という違いがあります。交差比率の背景にはわが国の小売業は、商慣行上、棚卸資産の計上には売価還元原価法を用い、在庫金額を売価で算出するためです。売価還元原価法とは、期末商品の売価に原価率を乗じて取得原価を計算する方法です。

$$
\begin{aligned}
交差比率（\%） &= \frac{粗利益}{平均在庫高（売価）} \times 100 \\
&= \frac{粗利益}{売上高} \times \frac{売上高}{平均在庫高（売価）} \times 100 \\
&= 粗利益率（\%） \times 商品回転率（売価）
\end{aligned}
$$

※平均在庫高を売価としている点がGMROIと異なります

　実際にGMROIを算出してみましょう。売場面積300坪、年商が6億円、平均在庫高（原価）が2,000万円、粗利益率が20％の店舗の場合のGMROIを計算しましょう。

$$商品回転率 = \frac{60,000万円}{2,000万円} = 30（回転）$$

GMROI＝20％×30回転＝600％

　GMROIは600％となります。計算は簡単ですから、公式をしっかり覚えておきましょう。

(3) GMROIの値入への活用

　GMROIは値入にも活用されています。値入への活用では、まず目標となるGMROIを設定します。次に、商品の回転率を出します。目標GMROIと商品回転率から、目安となる粗利益率を計算します。

　仕入価格に粗利益率を用いて、目安となる売価を決定します。回転率の高い商品ほど低価格で値入ができます。逆に、回転率の低いものは、価格を高くして値入を確保します。

　GMROIを値入に活用するためには、前提条件があります。

　【前提条件1】営業利益の算出に影響する販売管理費及び一般管理費などの費用が、粗利益額でカバーできることが必要です。

　GMROIは、粗利益額で営業利益や経常利益など他の利益を代替する指標です。営業利益がプラスになっていることが、GMROI活用の条件となります。

図 5-10　GMROIを活用した計画的な値入

	目標GMROI (%)	商品回転率 (回)	目標粗利益率 (%) (目標GMROI ÷ 商品回転率)	仕入価格 100円時の売価(円) (仕入価格÷(1－目標粗利益率))
商品A	200	10	20	125
商品B	200	8	25	133
商品C	200	4	50	200

　【前提条件2】粗利益率には、リベートやアロウワンスも考慮に入れます。分析対象の商品に関連するリベートやアロウワンスは、粗利益額に加味しなければ正確な判断ができません。

section 1　プライシングに関する法規制の体系
section 2　独占禁止法と企業行動①
section 3　独占禁止法と企業行動②
section 4　景品表示法と企業行動

PART 6

プライシングと法規制

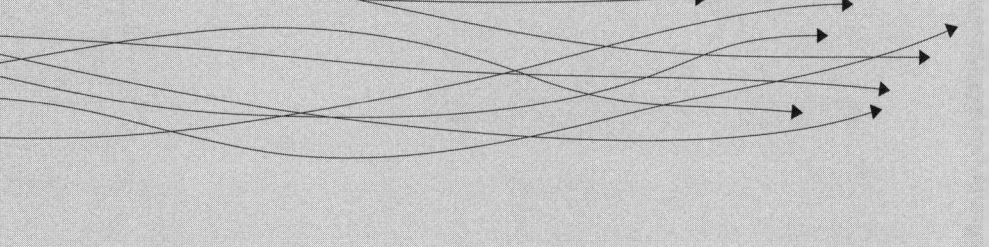

メーカーによる再販売価格維持行為とは？
小売業における不当廉売処理の状況は？
近年のコンプライアンス（法令遵守）が重視される中で、
プライシングで最低限留意しなければならない
法制度を理解する

section 1　プライシングと法規制

プライシングに関する法規制の体系

　市場主義経済では、製品やサービスに対して、基本的に自由なプライシングを行うことができます。企業は、コストや消費者の需要、競合他社の動向など、内部・外部要因を考慮し、消費者に受け入れてもらえる価格を決定します。企業同士が競争することによって、製品の低価格化や差別化が進み、経済の活性化・発展へとつながります。

　しかし、企業は自らの利益を守る目的で、市場の独占やカルテルなどを行い、市場の競争を制限・阻害することもあります。

　企業同士の「公正かつ自由な競争」を促進するため、さまざまな法律

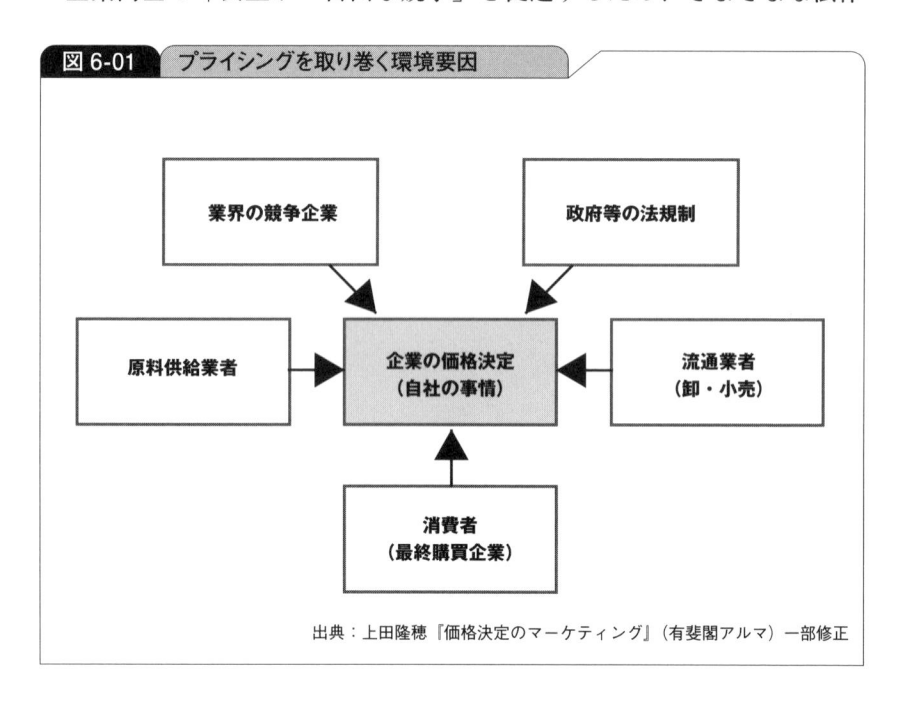

図 6-01　プライシングを取り巻く環境要因

```
         業界の競争企業           政府等の法規制
              ↓                       ↓
  原料供給業者 →  企業の価格決定  ← 流通業者
                  (自社の事情)       (卸・小売)
                       ↑
                     消費者
                  (最終購買企業)
```

出典：上田隆穂『価格決定のマーケティング』(有斐閣アルマ) 一部修正

が制定されています。自由な価格競争を守り促進するため、プライシングもさまざまな法律により制約されます。

プライシングに関する法規制には、どのようなものがあるのでしょうか。PART6では、プライシングの際に考慮しなくてはならない法律について紹介します。

(1) プライシングを取り巻く環境

企業のプライシングに影響を及ぼす環境要因には、図6-01のように、業界の競争企業、政府等の法規制、供給業者、流通業者、顧客などがあります。

①価格カルテルや再販売価格の維持を禁止する理由

環境要因の政府等の法規制のひとつに、独占禁止法があります。独占禁止法は価格に関して、「価格カルテル」やメーカーの「再販売価格の維持」などを禁止しています。

価格カルテルや再販売価格が維持された場合、企業はさまざまなメリットを享受することができます。価格カルテルのメリットは、企業間の価格競争を回避し、不当な超過利益を獲得することができます。再販売価格維持のメリットは、卸や小売などの流通業者に高いマージン率を保証することにより、流通経路における価格決定をコントロールでき、流通経路における主導権を握ることや市場における自社製品の値崩れを防ぐことにより、価格を維持し超過利益を獲得することができます。

価格カルテルや再販売価格維持行為は、市場での自由競争を制限・阻害し、わが国経済の活性化や発展、消費者の利益が確保できなくなるおそれがあるため、独占禁止法において規制されています。

②独占禁止法の概要

独占禁止法の正式名称は、「私的独占の禁止及び公正取引の確保に関する法律」です。

独占禁止法は昭和22年7月、民主主義社会を支える経済基盤を形成するための措置の一環として、多くの事業者が自由な競争を通じて事業を展開できる体制を整えることを目的に施行されました。

　独占禁止法の特例法として、昭和31年7月に「下請法（下請代金支払遅延等防止法）」、昭和37年8月には「景品表示法（不当景品類及び不当表示防止法）」が施行され、競争促進政策の整備が進められました。

　企業は公正かつ自由な競争を守り、コンプライアンスに基づいたプライシングを行うためには、価格に関わる法規制についてしっかり理解しておかなければなりません。

(2) 独占禁止法と公正取引委員会
①公正取引委員会の役割

　公正取引委員会は、独占禁止法を運用するために設置されている行政機関です。独占禁止法27条に「第1条の目的を達成することを任務とす

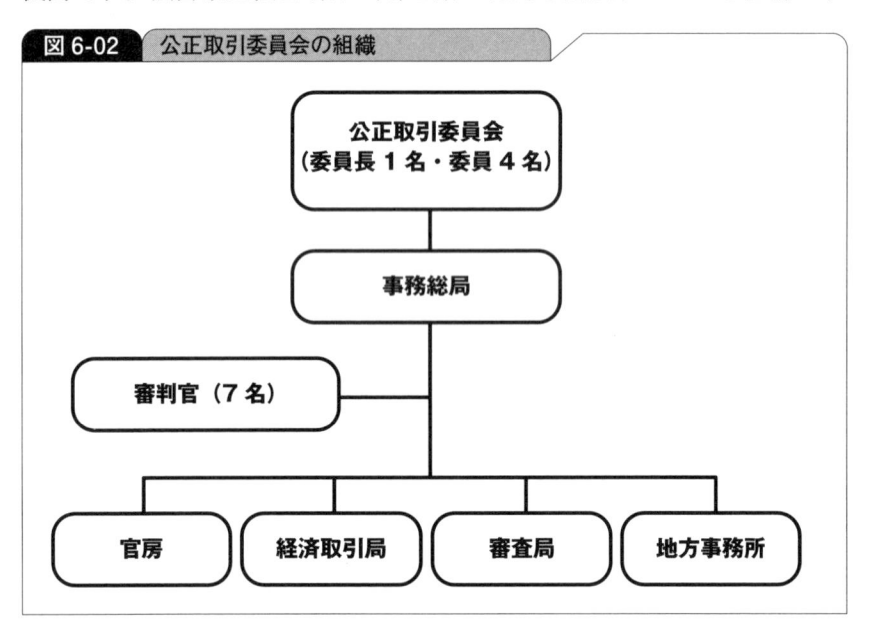

図6-02　公正取引委員会の組織

```
        公正取引委員会
      (委員長1名・委員4名)
             │
           事務総局
             │
   ┌─────────┼─────────┬─────────┐
審判官(7名)                                
   │         │         │         │
  官房   経済取引局   審査局   地方事務所
```

る公正取引委員会を置く」と規定され、独占禁止法に違反する行為を未然に防止し、すばやく発見するため、市場や経済の動き、事業者の活動を常に監視しています。市場で競争している企業を監視する「審判」または「監視委員」とイメージするといいでしょう。

②違反企業への対応と啓蒙活動

独占禁止法に違反する企業の行為や状態を発見した場合、違反した企業に対し排除措置命令や課徴金納付命令などの処分を出します。

処分を受けた企業は、異議を申し立てることができます。その場合、公正取引委員会の審判が行われ、審査→命令→審判→審決という裁判に類似した準司法的手続を実行することができます。

独占禁止法に違反している企業への立ち入り調査などを行う一方、どのような行為が違反となるか、違反にならないかについて、過去の運用を踏まえたガイドライン等を取りまとめ、作成・公表しています。

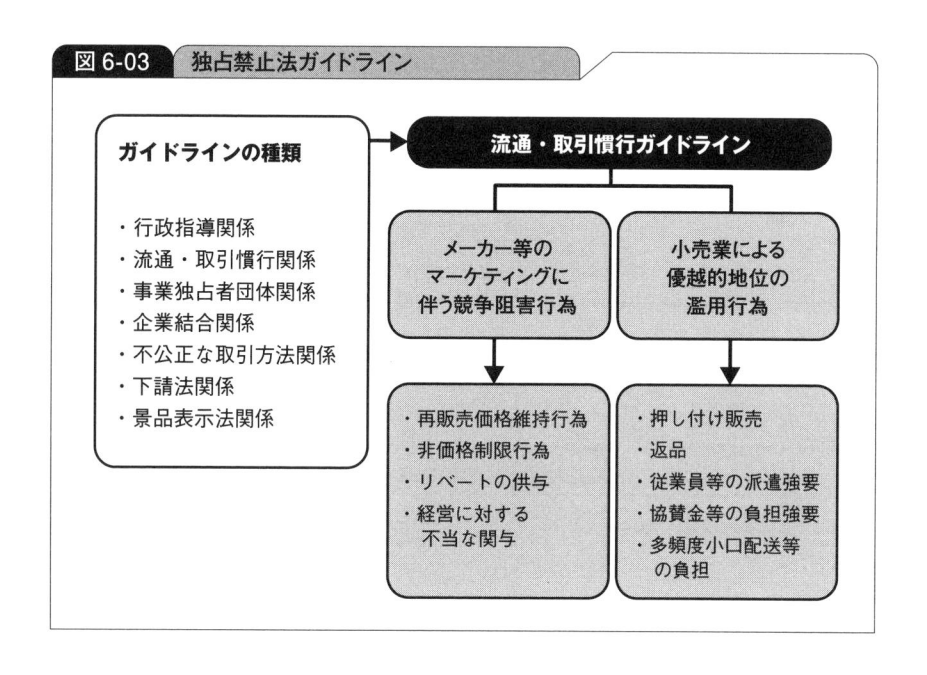

図 6-03　独占禁止法ガイドライン

ガイドラインの種類
- 行政指導関係
- 流通・取引慣行関係
- 事業独占者団体関係
- 企業結合関係
- 不公正な取引方法関係
- 下請法関係
- 景品表示法関係

流通・取引慣行ガイドライン

メーカー等のマーケティングに伴う競争阻害行為
- 再販売価格維持行為
- 非価格制限行為
- リベートの供与
- 経営に対する不当な関与

小売業による優越的地位の濫用行為
- 押し付け販売
- 返品
- 従業員等の派遣強要
- 協賛金等の負担強要
- 多頻度小口配送等の負担

section 2　プライシングと法規制

独占禁止法と企業行動①

　プライシングで考慮すべき環境要因のひとつに、政府等の法規制があります。独占禁止法の目的は、第1条で「公正かつ自由な競争を促進」することによって、「一般消費者の利益を確保するとともに、国民経済の民主的で健全な発達を促進する」と規定されており、自由競争経済の秩序を維持し、競争政策を実現する主旨が掲げられています。独占禁止法は、わが国経済の基本的なルールを定めた法律です。

　独占禁止法とはどのような法律なのか、プライシングにおける独占禁止法による規制にはどのようなものがあるのかを紹介します。

図 6-04　市場メカニズム

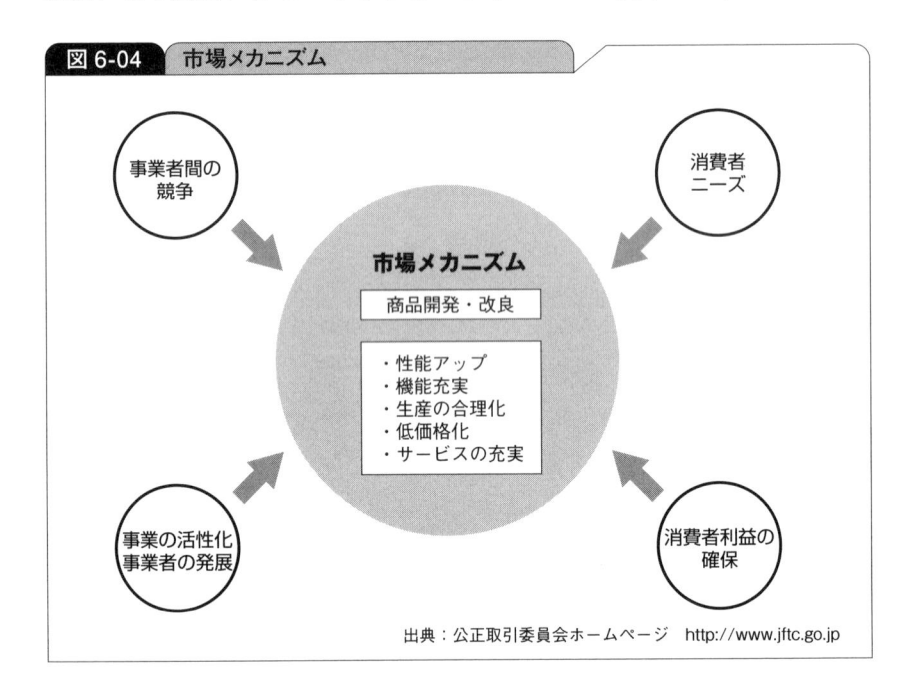

事業者間の競争

消費者ニーズ

市場メカニズム

商品開発・改良

・性能アップ
・機能充実
・生産の合理化
・低価格化
・サービスの充実

事業の活性化
事業者の発展

消費者利益の確保

出典：公正取引委員会ホームページ　http://www.jftc.go.jp

(1) 独占禁止法とは

　昭和22年に制定された「私的独占の禁止及び公正取引の確保に関する法律」を中心に構成され、「不当景品類及び不当表示防止法」、「下請代金支払遅延等防止法」などを含めて独占禁止法といわれます。

　独占禁止法は、自由経済社会において事業者が事業活動を行うにあたって守るべきルールを定め、「公正かつ自由な競争」を妨げる行為を規制しています。

　独占禁止法が促進する「公正かつ自由な競争」は、だれもが自由に参入できる市場において、事業者自らが商品の価格、生産数量などを決め、事業者間で競い合うことです。

　競争が正しく行われていれば、市場メカニズムの働きによって、消費者がどんな商品を求めているのかということが事業者に伝わります。消費者が安くて良いものを望んでいるとわかれば、事業者は自らの商品が選ばれるよう、消費者のニーズに合った商品を供給するよう努力します。公正で自由な競争によって、事業者にも消費者にも望ましい市場が維持されます。

　第1条の目的からわかるように、独占禁止法は「私的独占」「不当な取引制限」「不公正な取引方法」を禁止しています。このほかにも独占禁止法の重要な役割として、企業結合規制と事業者団体規制があります。その重要性から、「私的独占」「不当な取引制限」「不公正な取引方法」のことを独占禁止法の三本柱と呼ぶこともあります。

　独占禁止法は一定の企業の競争行動や競争戦略を規制・禁止しており、市場支配力と価格支配力が適用の基準となっています。

　プライシングを含めた価格戦略においては、「カルテルの規制」と「不公正な取引方法の禁止」、「不当景品類及び不当表示防止法」を考慮しなければなりません。

(2) 独占禁止法の違反

平成19年度の独占禁止法に関する審査事件の件数は、図6-06のとおりです。不当な取引制限にあたるカルテルや不公正な取引方法に関する事件の中で、価格に関する独占禁止法違反の割合が多くなっています。

平成19年度において、法的措置、警告、注意又は打切りのいずれかの処理を行ったものを行為類型別にみると、私的独占4件、価格カルテル20件、入札談合16件、不公正な取引方法82件、その他20件です。

法的措置を行った事件は24件です。内訳は、価格カルテル6件、入札談合14件、不公正な取引方法3件、事業者団体による構成事業者の機能活動の制限1件となっています。

図6-07の公正取引委員会による法的措置は、減少傾向から平成19年度は増加に転じています。価格カルテルや入札談合の割合が高くなっています。

図6-05　独占禁止法の構成

- 私的独占の禁止（2条5項・3条前段）
- 不当な取引制限の禁止（2条6項・3条後段）
    - カルテルの規制
    - 事業者団体の活動規制（8条1項）
- 結合・集中規制
    - 独占的状態に対する措置（2条7項8項・8条の4）
    - 株式保有・役員兼任・合併・事業の譲受け等の規制（第4章:9条～18条）
- 不公正な取引方法の規制
    - 不公正な取引方法の禁止（2条9項・19条・8条1項5号他）
    - 不当景品類及び不当表示防止法
    - 下請代金支払遅延等防止法

図 6-06　平成19年度審査事件(行為類型別) －(家電小売業における不当廉売事案で迅速処理したものを除く)

(件)

内容		処理別 法的措置	警告	注意	打切り	合計
私的独占		0	1	2	1	4
カルテル	価格カルテル	6	1	12	1	20
	入札談合	14	0	2	0	16
	その他のカルテル	0	0	0	0	0
	小計	20	1	14	1	36
不公正な取引方法	再販売価格の拘束	0	0	19	2	21
	その他の拘束・排他条件付取引	0	0	10	4	14
	取引妨害	0	0	2	1	3
	優越的地位の濫用	0	0	12	0	12
	不当廉売	2	6	10	5	23
	共同の取引拒絶	1	0	0	0	1
	その他	0	1	5	2	8
	小計	3	7	58	14	82
その他		1	1	14	4	20
合計		24	10	88	20	142

出典：公正取引委員会ホームページ　http://www.jftc.go.jp

図 6-07　法的措置件数と対象事業者等の数の推移

出典：公正取引委員会ホームページ　http://www.jftc.go.jp

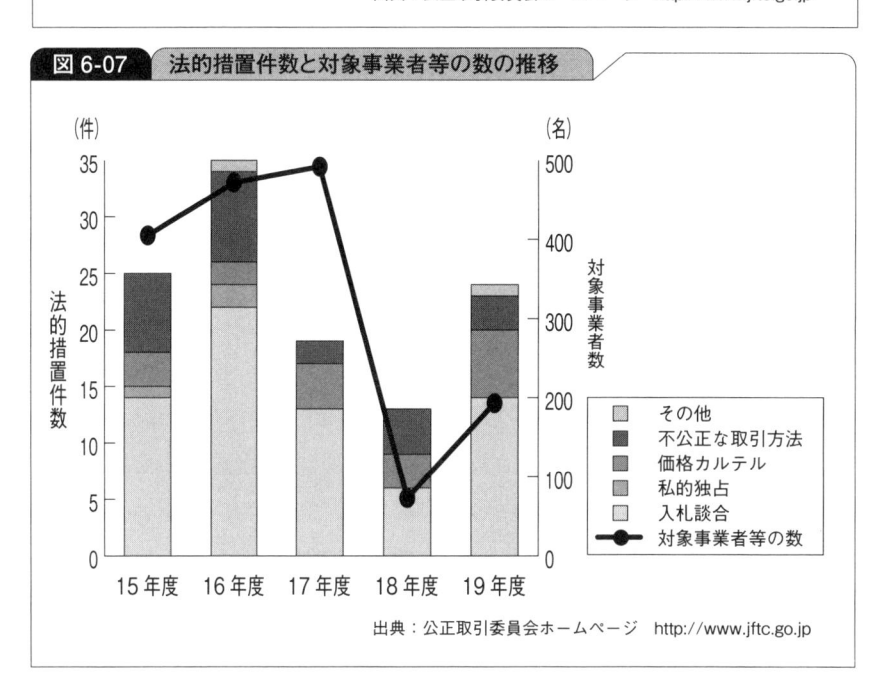

section 3　プライシングと法規制

独占禁止法と企業行動②

　「入札談合」に代表されるように、価格に関する独占禁止法違反の割合が大きくなっています。価格は企業の収益に直接結びつくため、自らの利益を守ろうとする行為が、独占禁止法の違反へとつながっています。
　section3では、独占禁止法とプライシングとの関係から、「不当な取引制限の禁止」「不公正な取引方法の禁止」について紹介します。
　不当な取引制限にはカルテルや入札談合などがあり、商品の価格を不当につりあげる行為として禁止されています。不公正な取引方法は、「私的独占」「不当な取引制限」の予防的・補完的規制として機能しているだけでなく、自由競争や取引のルールを守るため、再販売価格の拘束や不当廉売などの行為を禁止しています。

(1) 独占禁止法によるカルテルの禁止
①違反の多い価格カルテル
　事業者または業界団体の構成事業者が相互に連絡を取り合い、各事業者が自主的に決めるべき商品の価格や販売・生産数量などを共同で取り決め、競争を制限する行為は「カルテル」として禁止されています。
　独占禁止法では、カルテルの具体的な形態として「対価を決定し、維持し、若しくは引き上げ、又は数量、技術、製品、設備若しくは取引の相手方を制限する」行為を例示しています。
　価格カルテルや数量制限カルテル、顧客・販路制限カルテルなどがありますが、この中で最も多い違反は価格カルテルです。

②価格カルテルによる市場メカニズムの侵害

　独占禁止法が価格カルテルを規制する理由は、カルテルが最も安易にしかも有効に市場経済システムの機能を停止させ、容易に市場支配力を形成する行為だからです。

　カルテルによる価格設定は、市場において需要や供給のバランスによって商品の価格が決まる市場メカニズムを侵害し、競争により決定される価格よりも高くなります。

　カルテルに参加している企業は、通常より多くの利益を獲得できる反面、消費者は高い価格を支払わなくてはなりません。消費者利益の犠牲のうえに非効率な企業を温存する、市場経済にとって悪性の強い行為です。カルテルは、公平で活発な市場競争や消費者利益の実現を阻むという問題点が存在し、未然に排除するため禁止されています。

(2) 入札談合の禁止による公共の利益の保護

　PART4 section2の競争志向型プライシングで紹介した入札型価格設定法では、談合問題が話題となります。談合とは、国や地方公共団体などの公共工事や物品の公共調達に関する入札の際、入札に参加する事業者たちが事前に相談して、受注業者や受注金額などを決定することです。

　話し合いによる受注予定者の決定は、他の事業者がその受注取引について、価格競争を放棄することになります。事業者間の競争が正しく行われていれば、より安く発注できた可能性があります。

　入札談合は、税金のムダ使いにもつながります。本来、入札は厳正な競争を行うことを目的としているため、入札談合は公共の利益を損なう行為として、独占禁止法で禁止されています。

(3) 小売価格における再販売価格維持行為

①再販売価格の拘束による小売店間の競争阻害

メーカーは小売店に対して、卸売価格で製品を販売します。小売店は、メーカーより仕入れた商品を消費者に小売価格で販売します。
　小売価格に関して、小売店同士が価格競争を起こさないため、メーカーが「●●円で販売しなさい」と義務づけることがあります。このような行為は小売店の自由な営業活動を妨げ、小売店間の競争を阻害するため、原則禁止されています。

②建値制は再販売価格の拘束か

　PART4 section10で紹介した「建値制」は、メーカー主導の価格制度として独占禁止法に違反しているのでしょうか。
　再販売価格維持行為とは、「再販売価格を定めて維持させる」行為をいいます。「再販売価格」とは、製造業者から卸売業者、小売業者に販売された製品が、第三者（消費者）に販売される価格です。
　「定めて」には、「●●円」という確定価格だけでなく、その他の価格を示すことも含まれます。例えば、「メーカー希望小売価格の20％引き以内の価格」も定める行為に当たります。
　「維持させる」とは、指示した価格で販売するように拘束することです。メーカーによる価格を拘束する行為の事実があって、初めて違法性が問われます。
　判例において、建値制の基準となっているメーカー希望小売価格については、「単なる参考」として示されている限りはこれを問題とせず、建値制についても同様に、流通段階における目安にとどまる限り、違法性はないものと判断しています。
　ただし、メーカーが希望小売価格を表示する場合、「参考価格」「メーカー希望小売価格」など、だれがみても非拘束的な用語を用いるとともに、こうした価格を流通業者や消費者に表示する場合には、希望価格があくまでも参考であること、流通業者の販売価格はそれぞれ流通業者が自主的に決めるべきものであることを明示することが望ましいとされて

います。

(4) 不当廉売とは
①年々増加する不当廉売

不当廉売は、公正取引委員会の一般指定6項において、不公正な取引方法に指定されています。

一般指定6項が定める不当廉売行為とは、下記の行為を指します。
- 正当な理由がないのに、商品又は役務をその供給に要する費用を著しく下回る対価で継続して供給する行為
- その他不当に商品又は役務を低い対価で供給する行為であって、他の事業者の事業活動を困難にさせるおそれがあるもの

PART4 section12で紹介した、グローバル・プライシングの「ダンピング」とよく似ています。

原価を著しく下回る価格で継続して販売すること自体は、違法となりません。原価を著しく下回る価格で継続して販売することが他の事業者の事業活動を困難にさせるおそれがある場合に、原則違法となります。

公正な競争手段としての安売り、及びキズ物、季節商品等の処分など、正当な理由がある場合は、仕入価格を下回る価格で販売しても違法とはなりません。

不当に安い価格で商品を販売することは、その時点では消費者に利益があるようにみえます。しかし、長期的視野で考慮した場合、結果として資本力の強い者が弱い者の事業活動を困難にし、市場の健全な競争を阻害し、最終的には消費者の利益を害する可能性が高くなります。

コストを下回る価格、言い換えれば他の商品の販売による利益その他の資金を投入し、販売を継続することができないような低価格を設定することで競争者の顧客を獲得するような手段は、正常な競争手段とはいえません。

独占禁止法ではこれを禁止し、公正取引委員会による是正措置の対象にしています。不当廉売の事案は年々増加しており、公正取引委員会は迅速処理を含め、取り締まりを強化しています。

②不当廉売の違反例

不当廉売の事件として、「中部読売新聞事件（東京高決昭和50・4・30）」があります。販売原価812円（1ヵ月1部当たり）の新聞を500円で販売したことが、東海三県における新聞販売の公正な競争秩序を侵害し、独占禁止法19条の不公正な取引方法に違反する疑いがあるとして、緊急停止命令がなされました。

その後、公正取引委員会の審決によって、1,000円を下回る価格で中部読売新聞を販売することが禁じられました。

また、「マルエツ事件（昭和57・5・28勧告審決）」では、食料品スーパーマーケットであるマルエツが、競合のスーパーマーケットと交互に

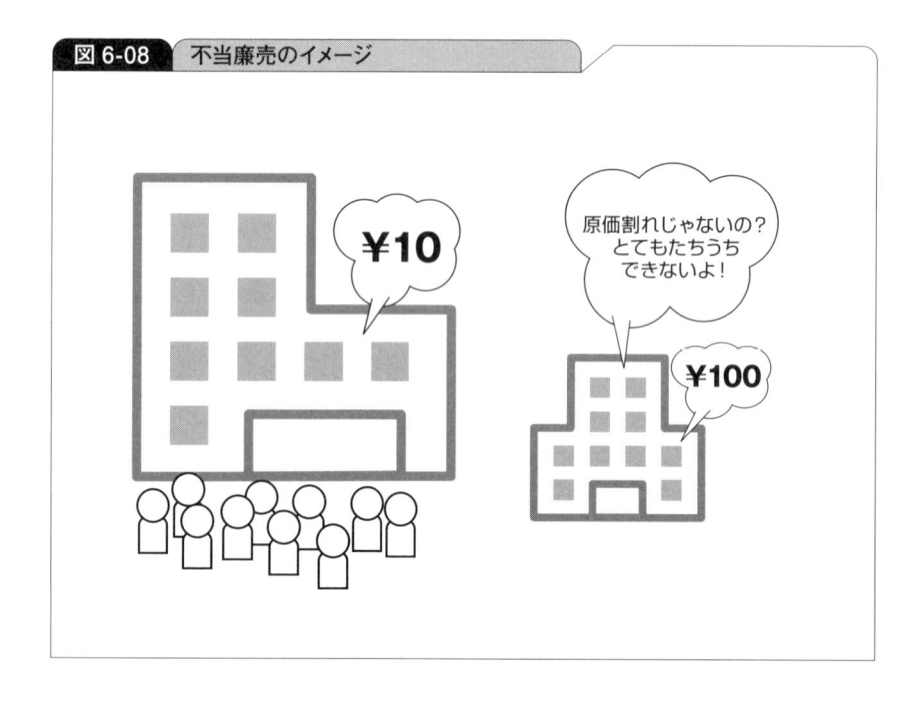

図 6-08　不当廉売のイメージ

対抗的に牛乳の販売価格の引き下げを繰り返した後、2ヵ月近く継続して、仕入価格が1本当たり155円と158円の牛乳を1本目は100円、2本目からは150円の価格で本数制限なしに販売したのが、牛乳専売店などの事業活動を困難にするおそれがあるとして、違法とされました。

図 6-09　不当廉売の申告件数の推移

(件)

年度	小売業における不当廉売事業	それ以外の事業	合計
15年度	1,835	560	2,395
16年度	1,663	944	2,607
17年度	1,834	900	2,734
18年度	3,593	1,657	5,250
19年度	4,885	2,460	7,345

出典：公正取引委員会ホームページ　http://www.jftc.go.jp

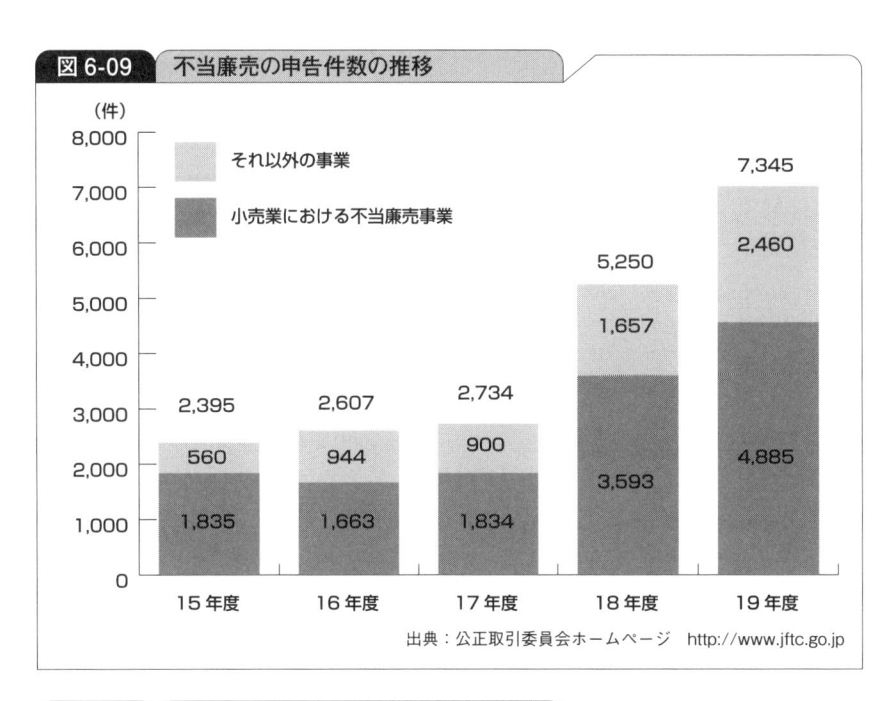

図 6-10　小売業における不当廉売処理の状況

年度	15	16	17	18	19
不当廉売事案における注意件数	653	627	607	1,031	1,679

出典：公正取引委員会ホームページ　http://www.jftc.go.jp

section 4　プライシングと法規制

景品表示法と企業行動

　価格は競争の重要な手段であるため、表示の面でも誇大になりやすく、消費者に価格が安いと思わせる、見せかけの安売り広告による違反が行われます。

　実際にはそれほど安くないにもかかわらず、非常に安く販売するかのような表示、事実に反して「特売」「超特価」など安売りを強調する表示、3割引の対象は一部の商品だけなのに「全店3割引」の表示などがあります。

　多くの消費者は、同じ品質ならば高い商品より安い商品を求めます。

図 6-11　不当な表示の例

カシミヤ100％ワンピース

SALE！！
通常10,000円の商品がなんと5,000円！！

本当はカシミア混合率80％

実際の通常価格は6,000円程度

不当表示によって商品やサービスが選択されると、適正な価格による公正な競争が働きません。

商品やサービスの価格を偽って表示を行うことを、厳しく規制する法律として景品表示法があります。section4では、独占禁止法のひとつである景品表示法の不当表示を中心に紹介します。

(1) 景品表示法
①景品表示法と不当表示

景品表示法は、正式には「不当景品類及び不当表示防止法」といいます。独占禁止法の特例法として昭和37年に制定されました。

正式名称のとおり、「不当景品」と「不当表示」について規制しています。不当表示は、大きく分けて3つの種類があります（景品表示法4条）。

価格の不当表示は、実際よりも有利と誤認される表示のため、図6-12の②の有利誤認表示となります。価格の不当表示で特に多いのが、実売価格よりも高い価格を引き合いに出して安さを強調する、二重価格表示です。

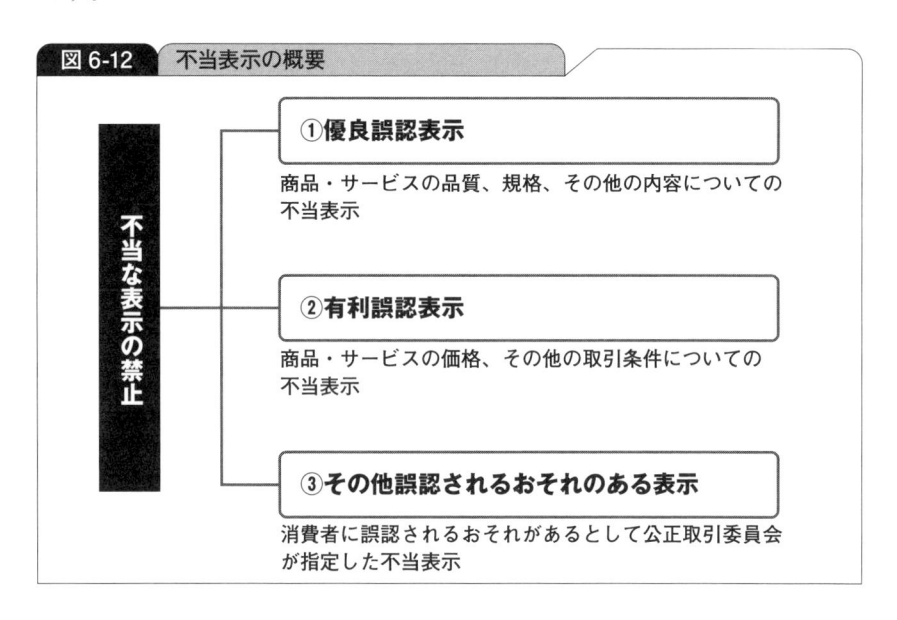

図6-12　不当表示の概要

不当な表示の禁止

①優良誤認表示
商品・サービスの品質、規格、その他の内容についての不当表示

②有利誤認表示
商品・サービスの価格、その他の取引条件についての不当表示

③その他誤認されるおそれのある表示
消費者に誤認されるおそれがあるとして公正取引委員会が指定した不当表示

②景品表示法における景品類

景品類とは、事業者が消費者を誘引するための手段として、商品やサービスの取引に付随して提供する物品、金銭のことをいいます。お菓子の「おまけ」をイメージしたらわかりやすいでしょう。

企業は、商品やサービスの販売促進のため、景品類を消費者に提供することが非常に多くなっています。しかし、消費者が景品によって商品・サービスを選ぶようになると、質の良くない商品や価格の高いものを買わされて不利益を受けるおそれがあります。

品質や価格による販売競争を守るため、景品類の最高額、総額などを制限しています。

③二重価格表示

二重価格表示とは、「当店通常価格1万円の商品を特別に5,000円でご提供」などと表示する方法です。しかし、実際には1万円で提供された

図6-13　景品類の分類と表示額

景品類の分類			景品類の最高額
取引に付随しない	オープン懸賞 ※「クイズに答えると当たる」といったもの		上限なし
取引に付随する	懸賞 ※「抽選で○○○が当たる」といったもの	一般	取引価額5,000円未満の場合…取引価額の20倍 ※景品の総額が売上予定額の2%以内
			取引価額5,000円以上の場合…10万円 ※景品の総額が売上予定額の2%以内
		共同 ※複数の企業などが共同で行うもの	30万円まで ※景品の総額が売上予定額の3%以内
	総付（べた付） ※「おまけ」のように必ず付いてくるもの		取引価額1,000円未満の場合…200円
			取引価額1,000円以上の場合…取引価額の10分の2

ことは一度もなかったらどうでしょう。この1万円という表示は、自社の商品やサービスの販売価格を安く見せかけるために引き合いに出しただけなので、不当表示となります。

1万円を比較対照価格といい、5,000円を実売価格といいます。比較対照価格の上に×印をつけたり線を引き、見えるようにしておいて実売価格を併記するもの、値札を2枚つけて行う場合もあります。

消費者にとって割引の大きさが数値で表されるので、実売価格だけを表示するよりも効果があります。しかし、比較対照価格が架空のメーカー希望小売価格、根拠のない自社旧価格・市価を用いたものであれば、消費者をだますことになります。

また、「2割引」「500円オフ」のような割引率や割引額の表示も二重価格表示の一種で、計算の基準となる価格が根拠のないものだと不当表示になります。

(2) 景品表示法の違反事例

公正取引委員会の不当表示違反事件の処理件数は、平成11年度は208件、12年度は327件程度でした。平成17年度は596件、18年度は635件、19年度は557件と、消費者の権利意識の高まりとともに約10年間で激増しています。

また、上場企業やその子会社による事件も多くなっています。価格の不当表示により、景品表示法違反となった事例も少なくありません。最近の違反事例としては、次のようなものがあります。

①ダイエーに対する警告（平成12年1月）

ダイエーは、衣料品のセールに際し、新聞折り込みチラシで、「セール前価格とはセール前の一定期間販売していた価格です」と注記し、実際の販売価格にセール前価格を併記した二重価格を表示していました。しかし実際には、一部の品目についてはセール前価格で販売した実績が

ありませんでした。

　実際の販売価格を「お試し価格」と表示して、セール期間が終わった後は「お試し価格」よりも高い価格（比較対照価格）に戻す旨の二重価格表示をしていました。実際には、一部の店舗でセール以降も継続的に「お試し価格」で販売していました。

②あかのれんに対する排除命令（平成14年6月24日）
　あかのれん（名古屋市）は「日替わり均一特価」と称する新聞折り込みチラシで、衣料品等の販売価格について、「(通)は当社通常価格の略です」と説明のうえ、例えば「980円均一」の欄に「紳士ポロシャツ（通）2,800円の品」などと、実際の販売価格よりも高い「当社通常価格」を併記していました。
　しかし、この「当社通常価格」は、仕入担当者の相場観により任意に設定されたもので、実際に販売されたことのない価格でした。

③日本航空ジャパンに対する排除命令（平成18年3月24日）
　日本航空ジャパンは、地方紙広告等において「東京へは、おトクな『特便割引』で。11,000円〜」等を記載し、あたかも広告を行った地域の空港を出発地とする便に、広告記載の最低運賃が適用されるかのように表示していました。
　しかし、実際には同運賃は、広告を行った地域の空港を到着地とする便の一部にのみ適用されるものでした。

④携帯電話事業者3社に対する警告等（平成18年12月12日）
　記憶に新しいかもしれませんが、ソフトバンクモバイルは、「通話料、メール代￥0」等を強調した広告を行い、あたかも同社のサービスを利用するすべての場合において、通話料金ならびにメール料金が無料とな

るかのように表示していました。

　実際には、細かい条件があり、無料となるのはその一部だけでした。公正取引委員会は、KDDI及びNTTドコモに対しても景表法違反につながるおそれがあるとして注意を行いましたが、注意を受けた企業の実名が公表されることは非常に稀でした。

参考文献

- 山口正浩『経済学・経済政策・クイックマスター』同友館
- 山口正浩・山口由里子『アカウンティング・クイックマスター』同友館
- 山口正浩・鳥島朗広『ファイナンス・クイックマスター』同友館
- 竹永亮『経営法務・クイックマスター』同友館
- 木下安司『手にとるようにマーチャンダイジングがわかる本』かんき出版
- 山口正浩『3級販売士最短合格テキスト』かんき出版
- 上田隆穂『価格決定のマーケティング』有斐閣
- 上田隆穂『プライス・マネジメントの理論』『DIAMOND・ハーバート・ビジネス・レビュー』2001.4月号 ダイアモンド社
- 上田隆穂・守口剛『価格・プロモーション戦略』有斐閣アルマ
- 守口剛「価格戦略の理論と実際 第5回EDLP政策とハイ・ロウ価格政策」『流通情報2006.1.No.439』流通経済研究所
- フィリップ・コトラー/ゲイリー・アームストロング『コトラーのマーケティング入門』ピアソン・エデュケーション
- フィリップ・コトラー/ケビン・レーン ケラー『コトラー&ケラーのマーケティング・マネジメント第12版』ピアソン・エデュケーション
- ジョン・コービル、ディリップ・ソマン『プライシングと消費者心理』『DIAMOND・ハーバート・ビジネス・レビュー』2003.6月号 ダイアモンド社
- 伊藤良二「ブランドと価格戦略の好循環」『DIAMOND・ハーバート・ビジネス・レビュー』2001.4月号 ダイアモンド社
- 成生達彦、岡本俊彦「オープン価格制の経済分析」『流通研究第8巻第3号 2006年3月』日本商業学会
- 日経MJ 2008年9月26日 日経流通新聞
- 日経MJ 2005年4月25日 日経流通新聞

- 片桐正『計数管理入門 「売場の力」を数字でつかむ』かんき出版
- 岸井大太郎・向田直範他「経済法――占禁止法と競争政策』有斐閣アルマ
- 矢部丈太郎「不当な二重価格表示 見せかけの安売り広告」『国際商業2005.8月号』国際商業出版
- 梶田ひかる アビームコンサルティング製造事業部マネージャー「GMROI-商品ごとの貢献度を評価する」『ロジスティクス・ビジネス2005.9月号』ライノス・パブリケーションズ
- 住商アビーム自動車総合研究所『自動車業界の動向とカラクリがよ～くわかる本』秀和システム
- 野口實『よくわかる医薬品業界』日本実業出版社
- 西田宗千佳『家電＆デジタルAV業界がわかる』技術評論社
- 日本流通経営研究所『最新 流通業界の動向とカラクリがよ～くわかる本』秀和システム
- 山村貴敬『アパレルマーチャンダイザー』繊研新聞社
- 植草 益、竹中 康治、菅久 修一、井手 秀樹、堀江明子『現代産業組織論』NTT出版
- ヘルマン・サイモン、ロバート・J・ドーラマ著、吉川尚宏、エコノミックスコンサルティング研究会翻訳『価格戦略論』ダイヤモンド社
- 新庄 浩二『産業組織論』有斐閣ブックス
- 公正取引委員会ホームページ http://www.jftc.go.jp/
- JETROホームページ http://www.jetro.go.jp/
- De Beers Groupホームページ http://www.debeersgroup.com/
- IBMホームページ http://www.ibm.com/
- サントリーホームページ http://www.suntory.co.jp/
- トヨタ自動車ホームページ http://www.toyota.co.jp/
- HONDAホームページ http://www.honda.co.jp/
- Lenovoホームページ http://www.lenovo.com/
- Microsoftホームページ http://www.microsoft.com/
- SKYMARKホームページ http://www.skymark.co.jp/

編著者
山口 正浩（やまぐち まさひろ）
(株) 経営教育総合研究所代表取締役社長、中小企業診断士の法定研修（理論政策更新研修）経済産業大臣登録講師。産業能率大学兼任講師、経済産業大臣登録中小企業診断士、経営学修士（MBA）。日本経営教育学会、日本経営診断学会、日本財務管理学会など多数の学術学会に所属し、財務や経営戦略、事業再生に関する研究をする一方、各種企業・地方公共団体にて、経営幹部、営業担当者の能力開発に従事している。
著書として、『経済学・経済政策クイックマスター』、『アカウンティングクイックマスター』（以上同友館）、『3級・販売士最短合格テキスト』『減価償却の基本がわかる本』（以上、かんき出版）、『販売士検定3級 重要過去問題 傾向の分析と合格対策』（秀和システム）など、80冊以上の著書・監修書がある。

監修者
木下 安司（きのした やすし）
(株) セブン-イレブン・ジャパン システム部を経て、経営コンサルタントとして独立。昭和57年、(株) 東京ビジネスコンサルティング（現 (株) TBC）を創業。現在、(株) TBC代表取締役社長、(株) 経営教育総合研究所主任研究員。経済産業大臣登録中小企業診断士。
業界屈指の合格率を誇る「TBC受験研究会」を28年間主宰し、中小企業診断士の育成、指導を通じて人的ネットワークを構築。企業の経営革新・事業再生支援に注力している。
著書に、『図解 よくわかるこれからの流通』（同文舘出版）、『コンビニエンスストアの知識』『小売店長の常識』（日本経済新聞出版社）、『セブン-イレブンに学ぶ超変革力』（講談社）、『手にとるようにマーチャンダイジングがわかる本』（かんき出版）など多数。

執筆者
柳沢 隆（やなぎさわ たかし）
(株) 経営教育総合研究所主任研究員、中小企業診断士、社会保険労務士。アパレル業界において、川上から川下までの業務に従事し、業界の内情に精通している。PART 4～6担当。

マーケティング・ベーシック・セレクション・シリーズ

プライス・マーケティング

平成21年11月18日　初版発行

編著者———山口正浩
発行者———中島治久
発行所———同文舘出版株式会社
　　　　　東京都千代田区神田神保町1-41　〒101-0051
　　　　　電話 営業03（3294）1801　編集03（3294）1803
　　　　　振替 00100-8-42935
　　　　　http://www.dobunkan.co.jp

Ⓒ M.Yamaguchi
印刷／製本：シナノ

ISBN978-4-495-58551-8
Printed in Japan 2009

ダイレクト・マーケティング

㈱経営教育総合研究所
山口正浩 監修
竹永 亮 編著

マーケティング・ベーシック・セレクション・シリーズ
Marketing Basic Selection Series

多様化しているマーケティングを12のテーマに分類し、最新事例や図表を使用してわかりやすくまとめたシリーズ。企業のマーケティング研修のテキストとして最適！

- インターネット・マーケティング（既刊）
- 流通マーケティング（既刊）
- ダイレクト・マーケティング（既刊）
- プライス・マーケティング（既刊）
- プロダクト・マーケティング
- 戦略的マーケティング
- プロモーション・マーケティング
- ブランド・マーケティング
- ロイヤリティ・マーケティング
- ターゲット・マーケティング
- コミュニケーション・マーケティング
- マーケティング・リサーチ

順次刊行

マーケティング・ベーシック・セレクション・シリーズ専用HP
http://www.keieikyouiku.co.jp/MK/

同文舘出版